Lina Weidenbach

ABNEHMEN *mit* PIZZA, NUDELN *und* BURGERN

Lina Weidenbach

ABNEHMEN *mit* PIZZA, NUDELN *und* BURGERN

Schlemmen und schlank werden mit 60 Rezepten

riva

Bibliografische Information der Deutschen Nationalbibliothek
Die Deutsche Nationalbibliothek verzeichnet diese Publikation in der Deutschen Nationalbibliografie. Detaillierte bibliografische Daten sind im Internet über http://d-nb.de abrufbar.

Für Fragen und Anregungen
info@rivaverlag.de

Wichtiger Hinweis
Dieses Buch ist für Lernzwecke gedacht. Es stellt keinen Ersatz für eine individuelle medizinische Beratung dar und sollte auch nicht als solcher benutzt werden. Wenn Sie medizinischen Rat einholen wollen, konsultieren Sie bitte einen qualifizierten Arzt. Der Verlag und die Autorin haften für keine nachteiligen Auswirkungen, die in einem direkten oder indirekten Zusammenhang mit den Informationen stehen, die in diesem Buch enthalten sind.

Originalausgabe
1. Auflage 2020

Nymphenburger Straße 86
D-80636 München
Tel.: 089 651285-0
Fax: 089 652096

Redaktion: Bettina Peters, Viktoria Celik
Umschlaggestaltung: Laura Osswald
Umschlagabbildung und Abbildungen im Innenteil: Stephanie Just
Satz: inpunkt[w]o, Haiger (www.inpunktwo.de)
Druck: Florjancic Tisk d.o.o., Slowenien
Printed in the EU

ISBN Print 978-3-7423-1246-4
ISBN E-Book (PDF) 978-3-7453-0937-9
ISBN E-Book (EPUB, Mobi) 978-3-7453-0938-6

Weitere Informationen zum Verlag finden Sie unter

www.rivaverlag.de

Beachten Sie auch unsere weiteren Verlage unter www.m-vg.de

INHALT

57 KULINARISCHE REISE DURCH EUROPA

EINLEITUNG

Gutes Essen ist, meiner Meinung nach, ein Stück Lebensqualität, weshalb ich darauf nie verzichten wollen würde. Doch wenn man gerne isst, macht sich das häufig auch auf der Waage bemerkbar.

Als ich vor ein paar Jahren etwas abnehmen wollte, begann ich, kalorienreduzierte Rezepte zu kreieren, um nicht auf den Genuss von leckerem Essen verzichten zu müssen.

Diese veröffentlichte ich dann auf meinem Instagram-Blog »fit_nurse_lina«, um auch anderen Menschen die Möglichkeit zu geben, mit leckeren Rezepten abzunehmen.

Beim Abnehmen kommt es nicht darauf an, auf bestimmte Lebensmittel – wie zum Beispiel Kohlenhydrate – zu verzichten, sondern primär weniger Kalorien zu sich zu nehmen, als man am Tag verbraucht. Man baut sich ein sogenanntes Kaloriendefizit auf, wodurch der Körper dann zwangsläufig die ungeliebten Fettpölsterchen abbaut.

Für ein gesundes Abnehmen wird ein Kaloriendefizit von maximal 20 Prozent pro Tag empfohlen. Wenn man also 2000 Kilokalorien am Tag verbraucht, sollte man mindestens 1600 Kilokalorien essen.

Den individuellen Kalorienverbrauch kann man annäherungsweise mit der Harris-Benedict-Formel ausrechnen oder man orientiert sich an einer Fitnessuhr.

Um zu vermeiden, dass der Körper beim Abnehmen Muskulatur zur Energiegewinnung abbaut, sollte man genügend Eiweiß essen. Deshalb enthalten viele meiner Rezepte eine Extraportion davon.

Außerdem sollte man natürlich darauf achten, ausreichend Vitamine, Mineralstoffe, Spurenelemente, sekundäre Pflanzenstoffe und essenzielle Fettsäuren zu sich zu nehmen.

Wie einfach man mit Genuss abnehmen kann, möchte ich dir in diesem Buch gerne zeigen.

Ich hoffe, die Rezepte helfen dir dabei, dein Wunschgewicht spielend leicht und ohne Verzicht zu erreichen.

Viel Spaß beim Kochen!

SPEZIELLE ZUTATEN

Olivenöl-Spray

Um Fett zu sparen, nutze ich ein Olivenöl-Spray. Damit kann man größere Flächen – wie zum Beispiel Pfannen – gleichmäßig benetzen, ohne zu viel Öl zu verwenden.

Man kann entweder bereits befüllte Einmal-Olivenöl-Sprays im Supermarkt oder online kaufen oder man kauft sich eine befüllbare Sprühdose extra für Öl.

Fettarmes Hackfleisch

Ich verwende in meinen Rezepten fettarmes Rinderhackfleisch. Wenn man dieses aber in seinem Supermarkt nicht findet, kann man genauso gut Rindertatar verwenden, das auch sehr fettarm ist. Man bekommt diese Produkte meistens an der Frischetheke oder beim Fleischer.

Eiweiß

Ich verwende häufig nur das Eiweiß vom Hühnerei, da das Eigelb sehr fettig ist. Um das Eigelb allerdings nicht wegwerfen oder anderweitig verwenden zu müssen, kaufe ich hochwertiges Bio-Eiweiß in Flaschen. Dieses bekommt man in verschiedenen Drogerien, manchen Supermärkten und natürlich online.

Erythrit

Ich verwende beim Kochen und Backen Erythrit statt Zucker, da dieses nahezu keine Kalorien hat.

Erythrit ist ein biochemisch hergestellter Zuckeralkohol, der als Zuckeraustauschstoff verwendet wird. Es sieht aus wie Zucker, schmeckt wie Zucker und ist fast genauso verwendbar. Es hat allerdings nur 70 Prozent der Süßkraft und einen kühlenden Effekt beim Verzehr.

Erythrit kommt auch in der Natur vor, wie zum Beispiel in verschiedenen Obstsorten oder Pistazien und in anderen Lebensmitteln wie Käse oder Wein.

Es wird zu 90 Prozent unverändert über den Urin ausgeschieden; nur 10 Prozent werden im Dünndarm verarbeitet, weshalb die typischen Nebenwirkungen von anderen Zuckerersatzstoffen wie Blähungen deutlich reduziert sind.

Da sich Erythrit nicht auf den Blutzuckerspiegel auswirkt und somit auch nicht auf die Insulinausschüttung, ist es für Diabetiker geeignet. Außerdem ist Erythrit nicht kariogen – also verursacht keinen Karies wie Zucker.

Viele aktuelle Studien zeigen, dass der Verzehr von Erythrit unbedenklich ist. Allerdings kann es bei übermäßigem Verzehr abführend wirken.

Erythrit kann im Reformhaus, in Bioläden, in Drogerien und teilweise in Supermärkten gekauft werden und wird unter unterschiedlichen Handelsnamen vertrieben.

Erdnusspulver

Ich verwende zum Kochen und Backen statt normaler Erdnussbutter pulverisierte. Bei dieser werden die Erdnüsse nach dem Rösten schonend und natürlich gepresst, wodurch sie ihr Öl verlieren und zu Pulver werden. Das Pulver enthält dadurch 85 Prozent weniger Fett.

Durch Wasserzugabe kann man aus dem Pulver schnell eine cremige Erdnussbutter anmischen.

Das Pulver kann man im Internet bestellen und bekommt es vereinzelt in Supplement-Geschäften.

Johannisbrotkernmehl

Johannisbrotkernmehl besteht aus den gemahlenen Samen des Johannisbrotbaums. Diese enthalten viele langkettige Kohlenhydrate, die große Wassermengen binden können. Deshalb hat das Johannisbrotkernmehl in kalten und warmen Flüssigkeiten enorme Quelleigenschaften und eignet sich daher hervorragend als Binde- und Verdickungsmittel. Es ist frei von Cholesterin, Gluten und Laktose.

Da die im Johannisbrotkernmehl enthaltenen Kohlenhydrate nur sehr schlecht vom Körper aufgenommen werden können, gilt es als Ballaststoff und hat deutlich weniger Kalorien.

Deshalb verwende ich es oft statt Mehl zum Binden von Soßen.

Das Johannisbrotkernmehl bekommt man in den meisten Reformhäusern und Bioläden.

Guarkernmehl

Guarkernmehl wird aus dem Samen des indischen Baumes Cyamopsis tetragonolobus gewonnen.

Es enthält 65–76 Prozent Galaktomannan, ein langkettiges Kohlenhydrat, wodurch auch Guarkernmehl ein starkes Wasserbindungsvermögen aufweist. Es wird als Verdickungs-, Gelier- und Bindemittel verwendet. Außerdem verhindert es, dass sich im Speiseeis Kristalle bilden, und macht es cremiger. Auch das Guarkernmehl wird nicht richtig verdaut, weshalb es häufig in diätischen Lebensmitteln verwendet wird.

Das Guarkernmehl kann man in den meisten Bioläden und Reformhäusern kaufen.

Xanthan Gum

Xanthan Gum wird von einer bestimmten Bakterienart namens Xanthomonas campestris und einigen verwandten Mikroorganismen produziert, die Zucker in Xanthan umwandeln.

Es besteht aus einer Reihe verschiedener Einzelzucker. Es sieht aus wie helles Mehl und ist geschmacksneutral. Es hat genau wie Johannisbrotkernmehl und Guarkernmehl eine stark bindende Wirkung, allerdings macht es Teige elastischer. Es verhindert zudem das Austrocknen von Gebäck.

Xanthan wird häufig in glutenfreien Backwaren verwendet, um das Volumen zu erhöhen. Bestellen kann man es online.

BELIEBTE KLASSIKER DER DEUTSCHEN KÜCHE

CURRYWURST

NÄHRWERTE PRO PORTION:

191 kcal, 13 g Eiweiß, 6 g Kohlenhydrate, 13 g Fett

ZUTATEN FÜR 2 PORTIONEN:

- 250 ml Cola, zuckerfrei
- 100 g passierte Tomaten
- 40 g Apfelmus, zuckerfrei
- 1 TL Worcestersoße
- 1 ½ EL Currypulver, scharf
- Tabasco, nach Belieben
- 1 TL Erythrit
- Salz, Pfeffer
- 2 Geflügelbratwürste

1. Die Cola in einem Topf erhitzen und bei mittlerer Hitze köcheln lassen, bis sich die Menge auf etwa 50 ml reduziert hat.
2. Die passierten Tomaten, das Apfelmus und die Worcestersoße hinzugeben.
3. Die Soße mit 1 TL Currypulver, ein wenig Tabasco, Erythrit, Salz und Pfeffer abschmecken.
4. Die Bratwürste auf dem Grill oder in einer Bratpfanne ohne Öl bei mittlerer Hitze braten. Dabei mehrmals wenden, bis sie auf beiden Seiten knusprig werden.
5. Die Bratwürste in Stücke schneiden und auf zwei Tellern anrichten, die Soße darübergeben und mit dem restlichen Currypulver würzen.

HÜHNERFRIKASSEE

NÄHRWERTE PRO PORTION:

523 kcal, 36 g Eiweiß, 77 g Kohlenhydrate, 8 g Fett

ZUTATEN FÜR 2 PORTIONEN:

- 160 g Reis (Trockengewicht)
- 200 g Hühnerfilet
- 1 Möhre
- 150 g Spargel, weiß
- 100 g Champignons
- 60 g TK-Erbsen
- 700 ml Gemüsebrühe
- 1 TL Kapern aus dem Glas
- 100 g Sahne, fettarm
- 2 g Johannisbrotkern-mehl
- Salz, Pfeffer
- Etwas Zitronensaft

1. Den Reis waschen und durch ein Sieb abgießen. Dann nach Packungsanleitung in einem Topf mit Salzwasser garen. Nach der Kochzeit den Reis warm stellen.
2. Währenddessen das Hühnchen waschen, trocken tupfen und in Würfel schneiden. Die Möhre putzen, schälen und in Scheiben schneiden. Den Spargel schälen und in etwa 3 cm lange Stücke schneiden. Die Champignons putzen, bei Bedarf mit einem Tuch abreiben und in Scheiben schneiden. Zusammen mit den Erbsen in einen Topf geben, die Gemüsebrühe dazugießen und für etwa 10 Min. bei starker Hitze kochen lassen.
3. Die Kapern und die Sahne hinzugeben und das Johannisbrotkernmehl zum Andicken unterrühren.
4. Die Soße mit Salz, Pfeffer und etwas Zitronensaft abschmecken und zusammen mit dem gekochten Reis servieren.

KARTOFFELBREI MIT SAUERKRAUT UND KASSLER

NÄHRWERTE PRO PORTION:

400 kcal, 31 g Eiweiß, 55 g Kohlenhydrate, 5 g Fett

ZUTATEN FÜR 2 PORTIONEN:

- 600 g Kartoffeln, mehligkochend
- 300 g fertiges Sauerkraut
- 2 Hähnchenkassler (à 100 g)
- 1 Hub Olivenöl-Spray (2 g)
- 150 ml Milch, fettarm
- Salz, Pfeffer
- 1 Prise Muskatnuss, gerieben

1. Die Kartoffeln schälen, waschen, je nach Größe halbieren oder vierteln und in einem Topf mit Salzwasser bei mittlerer Hitze ca. 20 Min. weich kochen. Danach das Wasser abgießen.
2. Das Sauerkraut in einem Topf bei schwacher Hitze erwärmen.
3. Währenddessen Olivenöl-Spray in eine beschichtete Pfanne sprühen und erhitzen. Anschließend die Kassler von beiden Seiten braun anbraten.
4. Die Milch in einem Topf erwärmen, auf die Kartoffeln geben und mit einem Kartoffelstampfer fein zerstampfen. Mit Salz, Pfeffer und Muskatnuss würzen.
5. Den Kartoffelbrei zusammen mit dem Kassler und dem Sauerkraut auf zwei Tellern anrichten.

KARTOFFELPUFFER MIT APFELMUS

NÄHRWERTE PRO PORTION:

338 kcal, 10 g Eiweiß, 65 g Kohlenhydrate, 3 g Fett

ZUTATEN FÜR
2 PORTIONEN:

500 g Kartoffeln, mehligkochend
20 g Weizenvollkornmehl
2 Eiweiß (Größe L)
Salz, Pfeffer
2 Hub Olivenöl-Spray (4 g)
400 g Apfelmus, zuckerfrei

1. Die Kartoffeln schälen, waschen und mit der Rohkostraspel fein reiben. Die Kartoffeln in ein feines Sieb geben und abtropfen lassen, anschließend die Masse mithilfe eines Küchentuchs noch etwas auswringen.
2. Die Kartoffelmasse mit dem Mehl, dem Eiweiß, Salz und Pfeffer vermengen.
3. Olivenöl-Spray in eine beschichtete Pfanne sprühen und erhitzen. Mit einem Esslöffel immer wieder eine kleine Menge der Kartoffelmasse abnehmen, in die Pfanne setzen und flach streichen. Die Masse ergibt ca. 10 Puffer. Diese bei mittlerer Hitze von jeder Seite 4–5 Min. braten, bis sie knusprig sind.
4. Zum Servieren die Kartoffelpuffer stapeln und das Apfelmus dazu reichen.

TIPP:

Zuckerfreier Apfelmus kann auch durch Apfelmark ersetzt werden, da es nur natürliche Süße aus dem Fruchtzucker von Äpfeln enthält.

KARTOFFELSALAT

NÄHRWERTE PRO PORTION:

319 kcal, 12 g Eiweiß, 48 g Kohlenhydrate, 8 g Fett

ZUTATEN FÜR 2 PORTIONEN:

- 500 g Kartoffeln, festkochend
- 1 Ei (Größe M)
- ½ Zwiebel
- 30 g Gewürzgurken
- 75 g Mayonnaise, fettarm
- 100 g Joghurt, fettarm
- 1 TL Senf, mittelscharf
- Salz, Pfeffer

1. Die Kartoffeln schälen, waschen und in kochendem Salzwasser bei mittlerer Hitze ca. 20 Min. garen. Anschließend abgießen und abkühlen lassen.
2. Das Ei in einem separaten Topf in 10–12 Min. hart kochen, dann abschrecken. Währenddessen die Zwiebel abziehen und mit den Gewürzgurken in feine Würfel schneiden. In einer großen Schale mit der Mayonnaise, dem Joghurt und dem Senf vermischen und etwas ziehen lassen.
3. Die Kartoffeln vierteln, das Ei in kleine Würfel schneiden, beides zur Soße hinzugeben und gründlich untermischen.
4. Den Kartoffelsalat mit Salz und Pfeffer abschmecken und servieren.

TAFELSPITZ MIT KARTOFFELKLÖßEN UND ROTKOHL

NÄHRWERTE PRO PORTION:

497 kcal, 29 g Eiweiß, 60 g Kohlenhydrate, 13 g Fett

ZUTATEN FÜR 2 PORTIONEN:

- 200 g Tafelspitz
- 400 g Rotkohl
- ½ großer Apfel (Boskop)
- 1 Lorbeerblatt
- 1 Nelke
- 1 Prise Salz
- 60 g Erythrit
- 80 ml Essig
- 600 g Kartoffeln, mehligkochend
- 20 g Guarkernmehl
- Salz

1. Den Tafelspitz von Häutchen und Sehnen befreien, bei Bedarf die Fettschicht wegschneiden und das Fleisch trocken tupfen. In einem Topf mit gesalzenem Wasser für etwa 2 Stunden bei schwacher Hitze köcheln lassen.
2. Währenddessen den Rotkohl putzen, vierteln und in kleine Streifen schneiden. Den Apfel schälen, entkernen und in kleine Würfel schneiden. Beides zusammen mit dem Lorbeerblatt, der Nelke, einer Prise Salz, dem Erythrit und dem Essig vermengen und in einem Topf mit 500 ml Wasser für etwa 45 Min. köcheln lassen. Falls nötig, etwas Wasser nachgießen.
3. Für die Kartoffelklöße die Kartoffeln schälen, waschen und in kochendem Salzwasser bei mittlerer Hitze ca. 20 Min. garen. Anschließend abgießen und im heißen Topf ausdampfen lassen. Dann die Kartoffeln mit einem Kartoffelstampfer fein zerstampfen.
4. Das Guarkernmehl und etwas Salz hinzugeben und die Masse zu einem zähen Teig vermengen.
5. Aus dem Kartoffelteig 8 runde Knödel formen. Diese für etwa 20 Min. in einen Topf mit kochendem Salzwasser geben. Die Hitze reduzieren, sodass die Klöße mehr ziehen als kochen. Sobald die Klöße an die Oberfläche steigen, sind sie fertig.
6. Nach der Garzeit Tafelspitz aus dem Topf heben und auf zwei vorgewärmten Tellern anrichten. Die Kartoffelklöße und den Rotkohl dazu reichen.

KARTOFFELN MIT GRÜNER SOßE UND EI

NÄHRWERTE PRO PORTION:

406 kcal, 18 g Eiweiß, 55 g Kohlenhydrate, 11 g Fett

ZUTATEN FÜR 2 PORTIONEN:

- 600 g Kartoffeln, (vorwiegend) festkochend
- 2 Eier (Größe M)
- 200 g Joghurt, fettarm
- 100 g saure Sahne (10 % Fett)
- 1 EL Senf, mittelscharf
- 1 Bund Kräuter, nach Belieben
- 2 g Johannisbrotkernmehl
- Salz
- ½ TL Erythrit

1. Die Kartoffeln schälen, waschen und in kochendem Salzwasser bei mittlerer Hitze ca. 20 Min. garen. Anschließend abgießen. Die Eier in einem separaten Topf in 7–10 Min. wachsweich bis mittelhart kochen, dann abschrecken.
2. Währenddessen den Joghurt, die saure Sahne, den Senf und die Kräuter in eine Schüssel geben und alles mit einem Mixer pürieren. Dabei nach und nach etwas Johannisbrotkernmehl hinzugeben, bis eine dickflüssige Konsistenz entsteht.
3. Die Soße mit etwas Salz und Erythrit abschmecken.
4. Die Eier halbieren und zusammen mit Kartoffeln und Soße servieren.

ANMERKUNG:

Die klassischen Kräuter für grüne Soße sind Borretsch, Petersilie, Pimpinelle, Sauerampfer und Schnittlauch. Manchmal wird noch Dill und Zitronenmelisse verwendet.

KARTOFFEL-LAUCH-HACK-PFANNE

NÄHRWERTE PRO PORTION:

443 kcal, 32 g Eiweiß, 54 g Kohlenhydrate, 9 g Fett

ZUTATEN FÜR 2 PORTIONEN:

- 600 g Kartoffeln, (vorwiegend) festkochend
- 400 g Lauch
- 200 g Rinderhackfleisch, fettarm
- 400 ml Gemüsebrühe
- 100 ml Sahne, fettarm
- Salz, Pfeffer

1. Die Kartoffeln schälen, waschen und in kochendem Salzwasser bei mittlerer Hitze ca. 20 Min. garen. Anschließend abgießen.
2. Währenddessen den Lauch waschen, abtupfen und in Ringe schneiden.
3. Das Hackfleisch in eine beschichtete Pfanne geben. Unter gelegentlichem Wenden bei starker Hitze in etwa 5 Min. krümelig braten.
4. Die Kartoffeln in Scheiben schneiden und mit dem Lauch zu dem Hackfleisch geben.
5. Alles kurz anbraten, dann mit der Gemüsebrühe ablöschen und für weitere 15–20 Min. bei schwacher Hitze köcheln lassen. Dabei ab und zu umrühren.
6. Kurz vor Ende der Garzeit Sahne hinzugeben und mit Salz und Pfeffer würzen.
7. Die Hackpfanne auf zwei Tellern anrichten und servieren.

SCHUPFNUDELN MIT SAUERKRAUT UND SCHINKENWÜRFELN

NÄHRWERTE PRO PORTION:

412 kcal, 24 g Eiweiß, 59 g Kohlenhydrate, 8 g Fett

ZUTATEN FÜR 2 PORTIONEN:

- 500 g Kartoffeln, mehligkochend
- 200 g Weizenvollkornmehl
- Salz
- 2 Hub Olivenöl-Spray (4 g)
- 100 g Schinkenwürfel, fettarm
- 2 Dosen Sauerkraut (à 285 g)
- Pfeffer

1. Die Kartoffeln schälen, waschen und in kochendem Salzwasser bei mittlerer Hitze ca. 20 Min. weich kochen. Anschließend abgießen und abkühlen lassen.
2. Das Mehl und etwas Salz auf die Kartoffeln geben, dann das Ganze mit einem Kartoffelstampfer fein zerstampfen. Die Kartoffelmasse zu einem Teig vermengen.
3. Mit einem Teelöffel walnussgroße Klößchen von der Kartoffelmasse abstechen und diese zwischen den Handflächen zu fingerdicken Röllchen mit spitzem Ende drehen. Die Schupfnudeln dann offen in leicht siedendem Salzwasser garen, bis sie an der Oberfläche schwimmen. Mit einer Schaumkelle herausnehmen und abtropfen lassen.
4. Olivenöl-Spray in eine beschichtete Pfanne sprühen und erhitzen. Die Schinkenwürfel dazugeben und bei mittlerer Hitze ca. 2 Min. knusprig auslassen. Die Schupfnudeln zugeben und von allen Seiten 2–3 Min. braun anbraten. Das Sauerkraut wenn nötig in einem Sieb abtropfen lassen, untermischen und zugedeckt noch 2 Min. ziehen lassen.
5. Mit Salz und Pfeffer abschmecken und servieren.

FRIKADELLEN MIT KARTOFFELN UND KOHLRABIGEMÜSE

NÄHRWERTE PRO PORTION:

431 kcal, 34 g Eiweiß, 50 g Kohlenhydrate, 9 g Fett

ZUTATEN FÜR 2 PORTIONEN:

- 500 g Kartoffeln, (vorwiegend) festkochend
- 400 g Kohlrabi, roh
- 1 Zwiebel
- 1 Knoblauchzehe
- 200 g Rinderhackfleisch, fettarm
- 2 Eiweiß (Größe M)
- ½ TL Guarkernmehl
- 1 TL Senf, mittelscharf
- 1 Prise Paprikapulver, edelsüß
- Salz, Pfeffer
- 100 ml Gemüsebrühe
- 100 ml Sahne, fettarm
- 2 g Johannisbrotkernmehl
- 1 Prise Muskatnuss, gerieben

1. Den Backofen auf 180 °C Umluft (200 °C Ober-/Unterhitze) vorheizen.
2. Die Kartoffeln schälen, waschen und in kochendem Salzwasser bei mittlerer Hitze ca. 20 Min. garen. Anschließend abgießen.
3. Die Kohlrabi putzen, schälen und in Würfel schneiden, dann in einen Topf mit kochendem Salzwasser geben. Bei geschlossenem Deckel bei mittlerer Hitze ca. 15 Min. kochen lassen, bis die Würfel bissfest sind.
4. Mit einem Schaumlöffel das Gemüse aus dem Sud holen und warm stellen.
5. Für die Frikadellen die Zwiebel und die Knoblauchzehe abziehen. Die Zwiebel fein würfeln, den Knoblauch fein hacken.
6. Beides mit dem Hackfleisch, dem Eiweiß, dem Guarkernmehl, dem Senf, einer Prise Paprikapulver, Salz und Pfeffer in einer Schüssel zu einem Hackteig verkneten.
7. Mit nassen Händen 4 Frikadellen formen, auf ein mit Backpapier belegtes Backblech legen und im vorgeheizten Backofen etwa 20 Min. garen.
8. Die Gemüsebrühe und die Sahne auf die Kohlrabiwürfel geben. Mit Johannisbrotkernmehl andicken und mit etwas Salz, Pfeffer und Muskatnuss abschmecken.
9. Die Frikadellen zusammen mit den Kartoffeln und dem Kohlrabigemüse servieren.

GRÜNKOHL MIT KARTOFFELN UND KASSLER

NÄHRWERTE PRO PORTION:

349 kcal, 26 g Eiweiß, 36 g Kohlenhydrate, 8 g Fett

ZUTATEN FÜR 2 PORTIONEN:

- 1 Zwiebel
- 1 Hub Olivenöl-Spray (2 g)
- 600 g TK-Grünkohl, gehackt
- 300 ml doppelt konzentrierte Fleischbrühe
- 400 g Kartoffeln, (vorwiegend) festkochend
- 2 Kassler (à 75 g)
- ½ TL Senf, mittelscharf
- Salz, Pfeffer

1. Die Zwiebel abziehen und in feine Würfel schneiden.
2. Olivenöl-Spray in einen hohen Topf sprühen und erhitzen. Die Zwiebelwürfel darin 2 Min. glasig andünsten.
3. Den Grünkohl und die Brühe hinzugeben und alles ca. 30 Min. bei schwacher Hitze köcheln lassen.
4. Währenddessen die Kartoffeln schälen, waschen und in kleine Würfel schneiden. 20 Min. vor Ende der Garzeit zu dem Grünkohl geben und gar kochen.
5. Die Kassler in Würfel schneiden und 10 Min. vor Ende der Garzeit dazugeben.
6. Alles mit dem Senf, Salz und Pfeffer abschmecken und anschließend auf zwei Tellern anrichten.

ZÜRICHER GESCHNETZELTES MIT REIS

NÄHRWERTE PRO PORTION:

525 kcal, 36 g Eiweiß, 69 g Kohlenhydrate, 10 g Fett

ZUTATEN FÜR 2 PORTIONEN:

- 160 g Reis (Trockengewicht)
- 1 Zwiebel
- 150 g frische Champignons
- 200 g Hühnerfilet
- 1 Hub Olivenöl-Spray (2 g)
- Salz, Pfeffer
- 300 ml Rinderbrühe
- 200 g Sahne, fettarm
- 2 g Johannisbrotkernmehl
- 1 Spritzer Worcestersoße
- Frische Petersilie, nach Geschmack

1. Den Reis waschen und durch ein Sieb abgießen. Dann nach Packungsanleitung in einem Topf mit Salzwasser garen. Nach der Kochzeit den Reis warm stellen.
2. Währenddessen die Zwiebel abziehen und in kleine Würfel schneiden, die Champignons putzen, bei Bedarf mit einem Tuch abreiben und in Scheiben schneiden.
3. Das Hühnchen waschen, trocken tupfen und in Würfel schneiden.
4. Olivenöl-Spray in eine beschichtete Pfanne sprühen und erhitzen. Die Zwiebelwürfel darin 2 Min. glasig andünsten.
5. Die Hitze erhöhen, die Champignons und das Hühnchen in die Pfanne geben und bei starker Hitze rundherum anbraten, anschließend salzen und pfeffern.
6. Mit der Brühe ablöschen, einmal aufkochen lassen und weitere 10 Min. köcheln lassen.
7. Die Sahne unterrühren und das Johannisbrotkernmehl zum Andicken der Soße hinzugeben. Mit einem Spritzer Worcestersoße und gehackter Petersilie abschmecken.
8. Das Geschnetzelte zusammen mit dem Reis servieren.

SAHNEHERING MIT KARTOFFELN

NÄHRWERTE PRO PORTION:

503 kcal, 28 g Eiweiß, 55 g Kohlenhydrate, 19 g Fett

ZUTATEN FÜR 2 PORTIONEN:

600 g Kartoffeln, (vorwiegend) festkochend
1 Apfel (140 g)
1 Zwiebel
40 g Gewürzgurken
300 g Bismarckhering
100 g saure Sahne (10 % Fett)
Flüssiger Süßstoff
Zitronensaft
Salz, Pfeffer

1. Die Kartoffeln schälen, waschen und in kochendem Salzwasser bei mittlerer Hitze ca. 20 Min. garen. Anschließend abgießen.
2. Währenddessen den Apfel waschen, entkernen und in kleine Stücke schneiden. Die Zwiebel abziehen und in Ringe schneiden, die Gewürzgurken in kleine Scheiben schneiden. Den Bismarckhering kalt waschen und trocken tupfen.
3. In einer Schüssel die Apfelstücke, die Zwiebelringe und die Gewürzgurkenscheiben mit der sauren Sahne vermischen. Anschließend den Bismarckhering unter die Soße heben.
4. Das Ganze mit etwas Süßstoff, Zitronensaft, Salz und Pfeffer abschmecken und etwas ziehen lassen.
5. Den Sahnehering und die Kartoffeln auf zwei Tellern anrichten.

FISCHFRIKADELLE IM BRÖTCHEN

NÄHRWERTE PRO PORTION:

238 kcal, 20 g Eiweiß, 32 g Kohlenhydrate, 5 g Fett

ZUTATEN FÜR 4 PORTIONEN:

250 g Wildlachsfilet
1 Eiweiß (Größe L)
5 g Guarkernmehl
Salz, Pfeffer
18 g Vollkornsemmelbrösel
2 Hub Olivenöl-Spray (4 g)
4 Brötchen zum Aufbacken (à 60 g)
20 ml Mayonnaise, fettarm
30 g Eisbergsalat

1. Den Lachs kalt abwaschen, trocken tupfen und in kleine Stücke schneiden. Zusammen mit dem Eiweiß und dem Guarkernmehl in einen Universalzerkleinerer geben und fein pürieren.
2. Die Mischung in eine Schüssel geben, mit Salz und Pfeffer würzen und etwas ziehen lassen.
3. Aus der Fischmasse mit feuchten Händen 4 Frikadellen formen.
4. Semmelbrösel in einen Teller geben, dann die Frikadellen darin wenden, bis sie bedeckt sind.
5. Olivenöl-Spray in eine beschichtete Pfanne sprühen und erhitzen. Die Frikadellen hinzufügen und etwa 10 Min. bei mittlerer Hitze von beiden Seiten braten, bis sie goldbraun sind.
6. Währenddessen die Brötchen nach Packungsanleitung im vorgeheizten Backofen aufbacken.
7. Die Brötchen halbieren und eine Hälfte mit der Mayonnaise bestreichen. Dann jeweils mit etwas Eisbergsalat und einer Fischfrikadelle belegen und servieren.

TIPP:

Die Fischfrikadellen können mit Petersilie oder anderen Kräutern aufgepeppt werden.

GEBRATENER FISCH MIT POMMES FRITES

NÄHRWERTE PRO PORTION:

422 kcal, 27 g Eiweiß, 51 g Kohlenhydrate, 11 g Fett

ZUTATEN FÜR 2 PORTIONEN:

- 2 Portionen Pommes frites (Rezept siehe Seite 89)
- 2 Kabeljaufilets (à 225 g)
- 1 EL Zitronensaft
- Salz, Pfeffer
- 1 Eiweiß (Größe M)
- 30 g Dinkelpaniermehl
- 2 Hub Olivenöl-Spray (4 g)
- 40 g Mayonnaise, fettarm

1. Die Pommes frites nach Rezept zubereiten.
2. Währenddessen die Kabeljaufilets kalt abwaschen und trocken tupfen. Mit Zitronensaft beträufeln, salzen und pfeffern.
3. Das Eiweiß in einem tiefen Teller verquirlen, das Paniermehl in einen weiteren Teller geben. Die Kabeljaufilets nacheinander in dem verquirlten Eiweiß und in den Bröseln wenden, dabei die Brösel gut andrücken.
4. Olivenöl-Spray in eine beschichtete Pfanne sprühen und erhitzen. Die panierten Kabeljaufilets anschließend bei starker Hitze von jeder Seite 3–4 Min. braten.
5. Den Fisch mit den Pommes frites und der Mayonnaise auf zwei Tellern anrichten.

KÄSESPÄTZLE

NÄHRWERTE PRO PORTION:

439 kcal, 32 g Eiweiß, 48 g Kohlenhydrate, 11 g Fett

ZUTATEN FÜR
2 PORTIONEN:

4 Eiweiß (Größe M)
150 g Weizenvollkornmehl
Salz
120 g Streukäse, fettarm
1 Zwiebel
1 Hub Olivenöl-Spray (2 g)

1. Den Backofen auf 200 °C Umluft (220 °C Ober-/Unterhitze) vorheizen.
2. Das Eiweiß in einer Schüssel verquirlen, dann das Mehl und etwas Salz dazugeben und alles zu einem zähen Teig vermengen.
3. Inzwischen in einem großen Topf Salzwasser zum Kochen bringen. Den Teig portionsweise durch eine Spätzlepresse drücken. Die Spätzle nach und nach in das kochende Wasser geben. Sobald sie an der Oberfläche schwimmen, mit dem Schaumlöffel herausheben. In einem Sieb abtropfen lassen.
4. Die heißen Spätzle schichtweise mit dem Käse in eine Auflaufform geben. Im vorgeheizten Backofen 10–15 Min. überbacken.
5. Die Zwiebel abziehen und in Ringe schneiden.
6. Olivenöl-Spray in eine beschichtete Pfanne sprühen und erhitzen. Anschließend bei mittlerer bis starker Hitze braten, bis sie braun und kross sind.
7. Die Zwiebelringe auf die Käsespätzle geben und auf zwei Tellern anrichten.

KARTOFFELGRATIN

NÄHRWERTE PRO PORTION:

302 kcal, 15 g Eiweiß, 30 g Kohlenhydrate, 13 g Fett

ZUTATEN FÜR 2 PORTIONEN:

- 350 g Kartoffeln, mehlig- oder vorwiegend festkochend
- Salz, Pfeffer
- 1 Prise Muskatnuss, gerieben
- 100 ml Sahne, fettarm
- 75 g Streukäse, fettarm

1. Den Backofen auf 180 °C Umluft (200 °C Ober-/Unterhitze) vorheizen.
2. Die Kartoffeln schälen, waschen und in kochendem Salzwasser bei mittlerer Hitze ca. 20 Min. garen. Anschließend abgießen.
3. Die Kartoffeln in gleichmäßige, möglichst dünne Scheiben schneiden oder hobeln. Lagenweise und dachziegelartig in die vorbereitete Form schichten, dabei jede Lage mit Salz, Pfeffer und Muskat würzen.
4. Die Sahne seitlich in die Form gießen und den Streukäse gleichmäßig über den Kartoffeln verteilen.
5. Das Gratin im vorgeheizten Backofen 10–15 Min. backen, bis die Kartoffeln weich sind, die Flüssigkeit aufgesogen haben und die Oberfläche des Gratins schön gebräunt ist.
6. Auf zwei Tellern anrichten und servieren.

ANMERKUNG:

Die Kartoffeln können auch roh in Scheiben geschnitten werden und erst im Backofen garen, dies dauert jedoch deutlich länger.

SCHNITZEL MIT POMMES FRITES

NÄHRWERTE PRO PORTION:

507 kcal, 44 g Eiweiß, 51 g Kohlenhydrate, 13 g Fett

ZUTATEN FÜR 2 PORTIONEN:

- 2 Portionen Pommes frites (Rezept siehe Seite 89)
- 2 Hühnerfilets (à 180 g)
- Salz, Pfeffer
- 1 Eiweiß (Größe M)
- 30 g Dinkelpaniermehl
- 2 Hub Olivenöl-Spray (4 g)

1. Die Pommes frites nach Rezept zubereiten.
2. In der Zwischenzeit die Hühnerfilets waschen, trocken tupfen und mit einem Fleischklopfer flach klopfen. Anschließend von beiden Seiten salzen und pfeffern.
3. Das Eiweiß in einem tiefen Teller verquirlen, das Paniermehl in einen weiteren Teller geben. Die Filets nacheinander in dem verquirlten Eiweiß und in den Bröseln wenden, dabei die Brösel gut andrücken.
4. Die panierten Filets auf ein mit Backpapier belegtes Backblech legen, mit Olivenöl-Spray besprühen und 10 Min. im vorgeheizten Backofen garen.
5. Die Schnitzel wenden, erneut mit Olivenöl-Spray besprühen und weitere 10 Min. backen.
6. Die Schnitzel zusammen mit den Pommes frites und optional mit einer Scheibe Zitrone servieren.

KÄSE-LAUCH-SUPPE

NÄHRWERTE PRO PORTION:

282 kcal, 32 g Eiweiß, 7 g Kohlenhydrate, 14 g Fett

ZUTATEN FÜR 2 PORTIONEN:

- 200 g Rinderhackfleisch, fettarm
- 1 Hub Olivenöl-Spray (2 g)
- 1 ½ Stangen Lauch
- 400 ml Gemüsebrühe
- 140 g Schmelzkäse, fettarm
- 1 Prise Muskatnuss, gerieben
- Salz, Pfeffer

1. Olivenöl-Spray in einen großen Topf sprühen und erhitzen. Das Hackfleisch hinzugeben und unter gelegentlichem Wenden bei starker Hitze in etwa 5 Min. krümelig braten.
2. Währenddessen den Lauch waschen, abtupfen und in Ringe schneiden. Anschließend in den Topf geben und ca. 2–3 Min. anbraten.
3. Mit der Gemüsebrühe ablöschen und etwa 10 Min. bei leichter Hitze köcheln lassen.
4. Den Käse einrühren und schmelzen lassen und die Suppe mit Salz, Pfeffer und etwas Muskatnuss abschmecken.
5. In Tassen füllen und servieren.

HERZHAFTE KÄSE-SCHINKEN-PFANNKUCHEN

NÄHRWERTE PRO PORTION:

344 kcal, 34 g Eiweiß, 29 g Kohlenhydrate, 9 g Fett

ZUTATEN FÜR 2 PORTIONEN:

- 2 Eiweiß (Größe M)
- 100 ml Sprudelwasser
- 75 g Weizenvollkornmehl
- 1 TL Backpulver
- 1 Prise Salz
- 2 Scheiben Kochhinterschinken
- 2 Scheiben Käse, fettarm

1. In einer großen Schüssel Eiweiß und Sprudelwasser miteinander vermischen.
2. In einer kleinen Schüssel das Mehl mit dem Backpulver und einer Prise Salz vermengen. Die Mischung anschließend in die große Schüssel geben und alles mit dem Schneebesen glatt rühren.
3. Den Teig durchrühren, eine kleine Kelle Teig in eine beschichtete Pfanne geben und bei schwacher Hitze durch leichtes Drehen der Pfanne gleichmäßig verteilen. Sobald sich Bläschen auf der Oberfläche bilden und der Pfannkuchen sich vom Boden löst, wenden und auf der zweiten Seite fertig backen. Mit dem zweiten Pfannkuchen ebenso verfahren.
4. Anschließend jeweils mit einer Scheibe Käse und Schinken belegen, zusammenfalten und weiterbraten, bis der Käse geschmolzen ist.
5. Auf zwei Tellern anrichten und servieren.

TIPP:

Zu den Pfannkuchen passt ein kleiner Beilagensalat.

NUDELAUFLAUF MIT ERBSEN UND SCHINKEN

NÄHRWERTE PRO PORTION:

318 kcal, 24 g Eiweiß, 38 g Kohlenhydrate, 6 g Fett

ZUTATEN FÜR 4 PORTIONEN:

200 g Vollkornpenne (Trockengewicht)
1 Zwiebel
100 g Erbsen
50 g Schinkenwürfel, fettarm
100 ml Milch, fettarm
100 ml Sahne, fettarm
8 Eiweiß (Größe S)
Salz, Pfeffer
75 g Streukäse, fettarm

1. Den Backofen auf 155 °C Umluft (175 °C Ober-/Unterhitze) vorheizen.
2. Die Nudeln in kochendem Salzwasser nach Packungsanleitung bissfest garen. Danach abgießen und kurz abtropfen lassen.
3. Die Zwiebel abziehen, in kleine Würfel schneiden und mit den Erbsen, den Schinkenwürfeln und den Nudeln in einer kleinen Auflaufform vermengen.
4. Das Eiweiß in einem tiefen Teller verquirlen. Anschließend in eine Schüssel geben und Milch und Sahne hinzufügen. Salz und Pfeffer dazugeben, alles vermischen und gleichmäßig über die Nudeln gießen.
5. Den Streukäse über dem Auflauf verteilen und im vorgeheizten Backofen etwa 40 Min. backen.
6. Auf zwei Tellern anrichten und servieren.

KULINARISCHE REISE DURCH EUROPA

SPAGHETTI CARBONARA

NÄHRWERTE PRO PORTION:

545 kcal, 23 g Eiweiß, 70 g Kohlenhydrate, 17 g Fett

ZUTATEN FÜR
2 PORTIONEN:

- 200 g Vollkornspaghetti (Trockengewicht)
- 1 Zwiebel
- 1 Knoblauchzehe
- 1 Hub Olivenöl-Spray (2 g)
- 50 g Lachsschinkenwürfel, fettarm
- 150 g Sahne, fettarm
- 12 g Parmesan
- Salz, Pfeffer
- 2 Eigelb

1. Die Nudeln in kochendem Salzwasser nach Packungsanleitung bissfest garen. Danach abgießen und kurz abtropfen lassen.
2. Währenddessen die Zwiebel und die Knoblauchzehe abziehen. Die Zwiebel fein würfeln, den Knoblauch fein hacken.
3. Olivenöl-Spray in eine beschichtete Pfanne sprühen und erhitzen. Zwiebel und Knoblauch hinzugeben und 2 Min. glasig andünsten.
4. Die Lachsschinkenwürfel dazugeben, bei mittlerer Hitze ca. 2–3 Min. anbraten und anschließend mit der Sahne ablöschen.
5. Den Parmesan reiben, unterrühren und mit etwas Salz und Pfeffer abschmecken.
6. Das Eigelb in einem tiefen Teller verquirlen und kurz vor dem Servieren unter die Soße rühren.
7. Die Soße über die Nudeln gießen und vermischen, dann auf zwei Tellern anrichten und servieren.

ANMERKUNG:

Wird das Eigelb zu früh dazugegeben, gerinnt es und es können Klümpchen entstehen.

SPAGHETTI BOLOGNESE

NÄHRWERTE PRO PORTION:

415 kcal, 30 g Eiweiß, 59 g Kohlenhydrate, 5 g Fett

ZUTATEN FÜR 2 PORTIONEN:

- 1 Zwiebel
- 1 Knoblauchzehe
- 1 Möhre
- 150 g Rinderhackfleisch, fettarm (alternativ: vorbereitetes Sojagranulat)
- 2 EL Tomatenmark
- ½ kleine Dose Tomaten
- 100 ml Rinder- oder Gemüsebrühe
- 1 Lorbeerblatt
- Salz, Pfeffer
- 1 Prise Muskatnuss, gerieben
- 1 Prise Oregano
- Etwas Erythrit
- 160 g Vollkornspaghetti (Trockengewicht)
- 1–2 g Johannisbrotkernmehl

1. Die Zwiebel und die Knoblauchzehe abziehen, die Möhre putzen und schälen. Die Zwiebel und die Möhre fein würfeln, den Knoblauch fein hacken.
2. Das Hackfleisch in eine beschichtete Pfanne geben. Unter gelegentlichem Wenden bei starker Hitze in etwa 5 Min. krümelig braten. Anschließend die Zwiebel, den Knoblauch und die Möhre hinzugeben und etwa 2–3 Min. mitbraten.
3. Tomatenmark und Tomaten dazugeben und verrühren. Danach mit der Brühe ablöschen.
4. Das Lorbeerblatt hinzufügen und die Soße mit Salz, Pfeffer, Muskat, Oregano und etwas Erythrit würzen.
5. Die Soße bei schwacher Hitze mit geschlossenem Deckel mindestens 40 Min. köcheln lassen.
6. In der Zwischenzeit die Nudeln in kochendem Salzwasser nach Packungsanleitung bissfest garen. Danach abgießen und kurz abtropfen lassen.
7. Gegebenenfalls etwas Johannisbrotkernmehl zum Andicken in die Soße geben.
8. Die Vollkornspaghetti auf zwei tiefen Tellern verteilen, Soße darübergeben und servieren.

TIPP:

Je länger man die Soße ziehen lässt, desto besser schmeckt sie. Bleibt Soße übrig, kann man sie auch einfrieren.

PASTA IN LACHS-SAHNE-SOẞE

NÄHRWERTE PRO PORTION:

440 kcal, 24 g Eiweiß, 54 g Kohlenhydrate, 13 g Fett

ZUTATEN FÜR 2 PORTIONEN:

160 g Vollkornspaghetti (Trockengewicht)
1 Zwiebel
1 Hub Olivenöl-Spray (2 g)
100 g Räucherlachs
100 g saure Sahne (10 % Fett)
Frisch gepresster Zitronensaft
Frischer Dill
Salz, Pfeffer

1. Die Nudeln in kochendem Salzwasser nach Packungsanleitung bissfest garen. Danach abgießen und kurz abtropfen lassen.
2. Währenddessen die Zwiebel abziehen und in feine Würfel schneiden.
3. Olivenöl-Spray in eine beschichtete Pfanne sprühen und erhitzen. Die Zwiebelwürfel darin 2 Min. glasig andünsten.
4. Den Lachs kalt abwaschen, trocken tupfen und in kleine Stücke schneiden. In die Pfanne geben und bei mittlerer Hitze etwa 2–3 Min. mitbraten.
5. Die Sahne und etwas Zitronensaft hinzugeben und die Soße mit Dill, Salz und Pfeffer abschmecken.
6. Die Soße über die Nudeln gießen und vermischen, dann auf zwei Tellern verteilen, mit dem restlichen Dill garnieren und servieren.

PASTA SPINACI E GAMBERETTI

NÄHRWERTE PRO PORTION:

464 kcal, 28 g Eiweiß, 57 g Kohlenhydrate, 12 g Fett

ZUTATEN FÜR 2 PORTIONEN:

- 160 g Vollkornnudeln (Trockengewicht)
- 1 Knoblauchzehe
- 150 g TK-Garnelen
- 1 Hub Olivenöl-Spray (2 g)
- 200 ml Sojasahne, fettarm
- Salz, Pfeffer
- 50 g frischer Babyspinat
- 8 Cherrytomaten

1. Die Nudeln in kochendem Salzwasser nach Packungsanleitung bissfest garen. Danach abgießen und kurz abtropfen lassen.
2. Olivenöl-Spray in eine beschichtete Pfanne sprühen und erhitzen. Währenddessen die Knoblauchzehe abziehen, mithilfe einer Knoblauchpresse auspressen und in die Pfanne geben.
3. Die aufgetauten Garnelen kalt abwaschen, trocken tupfen, dazugeben und bei mittlerer Hitze 2–3 Min. mitbraten.
4. Anschließend die Sojasahne hinzugeben, mit Salz und Pfeffer würzen.
5. Den Spinat und die Cherrytomaten waschen. Die Tomaten halbieren und beides mit in die Soße geben. Gelegentlich umrühren und bei schwacher Hitze einige Minuten köcheln lassen, bis die Garnelen gar sind.
6. Die Pasta auf zwei Tellern verteilen, Soße darübergeben und servieren.

NUDELN IN TOMATEN-SAHNE-SOßE MIT SHRIMPS

NÄHRWERTE PRO PORTION:

452 kcal, 30 g Eiweiß, 60 g Kohlenhydrate, 8 g Fett

ZUTATEN FÜR 2 PORTIONEN:

- 160 g Vollkornnudeln (Trockengewicht)
- 1 Zwiebel
- 1 Knoblauchzehe
- 1 Hub Olivenöl-Spray (2 g)
- 160 g Shrimps
- 125 g passierte Tomaten
- 100 g Sahne, fettarm
- Oregano und Thymian, nach Belieben
- Salz, Pfeffer

1. Die Nudeln in kochendem Salzwasser nach Packungsanleitung bissfest garen. Danach abgießen und kurz abtropfen lassen.
2. Währenddessen die Zwiebel und die Knoblauchzehe abziehen. Die Zwiebel in kleine Würfel schneiden, den Knoblauch fein hacken.
3. Olivenöl-Spray in eine beschichtete Pfanne sprühen und erhitzen. Die Zwiebelwürfel und den Knoblauch darin 2 Min. glasig andünsten.
4. Die Shrimps kalt abwaschen, trocken tupfen, dazugeben und bei mittlerer Hitze 2–3 Min. mitbraten.
5. Anschließend alles mit den passierten Tomaten ablöschen und bei schwacher Hitze einige Minuten köcheln lassen, bis die Shrimps gar sind.
6. Die Sahne hinzugeben und die Soße mit Oregano, Thymian, Salz und Pfeffer abschmecken.
7. Die Pasta auf zwei Tellern verteilen, Soße darübergeben und servieren.

NUDELN MIT GRÜNEM PESTO

NÄHRWERTE PRO PORTION:

335 kcal, 15 g Eiweiß, 53 g Kohlenhydrate, 5 g Fett

ZUTATEN FÜR 4 PORTIONEN:

- 360 g Vollkornnudeln (Trockengewicht)
- 50 g frisches Basilikum
- 80 g Kichererbsen, aus der Dose
- 1 Knoblauchzehe
- 20 g Parmesan
- 10 g Pinienkerne
- Salz, Pfeffer

1. Die Nudeln in kochendem Salzwasser nach Packungsanleitung bissfest garen. Danach abgießen und kurz abtropfen lassen.
2. In der Zwischenzeit das Basilikum waschen, die Kichererbsen in ein Sieb schütten und gründlich kalt abbrausen.
3. Die Knoblauchzehe abziehen und fein hacken, den Parmesan reiben.
4. Basilikum, Kichererbsen, Knoblauch und Parmesan in eine Schüssel geben, dann Pinienkerne, etwas Salz, Pfeffer und 1 EL Wasser dazugeben und alles mit dem Pürierstab fein pürieren. Alternativ können die Zutaten auch in einen Universalzerkleinerer gegeben werden.
5. Die Pasta auf zwei Tellern verteilen, das Pesto darübergeben und servieren.

ANMERKUNG:

Das Pesto hat auf 100 Gramm nur 143 Kilokalorien, 8 Gramm Eiweiß, 7 Gramm Kohlenhydrate und 9 Gramm Fett. Da es kein Öl enthält, ist es nicht so lange haltbar wie herkömmliches Pesto.

NUDELSALAT

NÄHRWERTE PRO PORTION:

421 kcal, 24 g Eiweiß, 56 g Kohlenhydrate, 9 g Fett

ZUTATEN FÜR
2 PORTIONEN:

- 180 g Vollkornpenne (Trockengewicht)
- 2 Portionen grünes Pesto (siehe Seite 69)
- 120 g Cherrytomaten
- 80 g frischer Rucola
- 80 g Fetakäse, fettarm

1. Die Nudeln in kochendem Salzwasser nach Packungsanleitung bissfest garen. Danach abgießen und kurz abtropfen lassen.
2. Das Pesto nach Rezept zubereiten.
3. Die Tomaten waschen und halbieren, den Rucola waschen und abtropfen lassen. Den Feta in kleine Würfel schneiden.
4. Die Nudeln in eine große Schale füllen und mit dem Pesto vermengen. Anschließend die Tomaten, den Rucola und die Fetawürfel hinzugeben und alles miteinander vermischen.
5. Den Salat etwas abkühlen lassen, dann auf zwei Tellern anrichten und servieren.

SPINAT-RICOTTA-RAVIOLI

NÄHRWERTE PRO PORTION:

453 kcal, 23 g Eiweiß, 68 g Kohlenhydrate, 8 g Fett

ZUTATEN FÜR 2 PORTIONEN:

- 4 Eiweiß (Größe S)
- 100 g Weizenvollkornmehl
- 100 g Hartweizengrieß
- 1 Prise Salz
- 200 g TK-Spinat, gehackt
- 1 Knoblauchzehe
- 65 g Ricotta
- Salz, Pfeffer
- 20 g Margarine, fettarm
- 3 Salbeiblätter

1. Das Eiweiß in einer großen Schüssel verquirlen, dann das Mehl, den Grieß und eine Prise Salz dazugeben und alles zu einem runden Teig kneten.
2. Den Teig anschließend in Frischhaltefolie einwickeln und 30 Min. im Kühlschrank ruhen lassen.
3. Währenddessen den Spinat in gefrorenem Zustand in einem Topf erwärmen.
4. Die Knoblauchzehe abziehen und mithilfe einer Knoblauchpresse direkt im Topf auspressen.
5. Sobald der Spinat vollständig aufgetaut ist, von der Herdplatte nehmen, den Ricotta hinzugeben und mit Salz und Pfeffer abschmecken.
6. Den Teig nach der Ruhezeit etwa 3 mm dünn ausrollen und mit einer Ausstechform oder einer kleinen Schüssel Kreise von ca. 7–8 cm Durchmesser ausstechen.
7. Jeweils in die Mitte der Teigkreise 1 TL Füllung geben, die Kreise zusammenklappen und die Ränder mit einer Gabel zusammendrücken.
8. In einem großen Topf reichlich Wasser zum Kochen bringen und salzen. Die Ravioli darin 10 Min. bei schwacher Hitze bissfest kochen, anschließend abtropfen lassen.
9. Die Margarine in einer beschichteten Pfanne zerlassen, die Salbeiblätter hinzugeben und die Ravioli darin schwenken.
10. Die Ravioli auf zwei Tellern anrichten und servieren.

ANMERKUNG:

Wer den Vollkorngeschmack nicht mag, kann auch Weizenmehl verwenden. Eine Portion hat etwa 10 Kilokalorien mehr.

GNOCCHI IN TOMATENSOßE

NÄHRWERTE PRO PORTION:

438 kcal, 14 g Eiweiß, 84 g Kohlenhydrate, 3 g Fett

ZUTATEN FÜR 2 PORTIONEN:

- 300 g Kartoffeln (vorwiegend) festkochend
- 120 g Weizenvollkornmehl
- 30 g Hartweizengrieß
- 1 Prise Salz
- 1 Zwiebel
- 1 Knoblauchzehe
- 1 Hub Olivenöl-Spray (2 g)
- 1 kleine Dose Tomaten (à 400 g)
- Lorbeerblatt
- Salz, Pfeffer
- Oregano
- Basilikum

1. Die Kartoffeln schälen, waschen und in kochendem Salzwasser bei mittlerer Hitze ca. 20 Min. garen. Anschließend abgießen und im Topf ausdampfen lassen.
2. Dann die Kartoffeln in einer Schüssel mit dem Kartoffelstampfer zerstampfen und mit Mehl, Grieß und etwas Salz vermengen. Mit den Händen zu einem festen Teig verkneten.
3. Aus dem Teig eine etwa fingerdicke Rolle formen und diese in daumenbreite Stücke schneiden. Für die typische Gnocchiform die Kartoffelkugeln mit den Zinken einer Gabel leicht flach drücken. Mithilfe eines Messers mit etwas Druck darübergehen und die Gnocchi dabei rollen.
4. Die Gnocchi in einen großen Topf mit kochendem Salzwasser gleiten und bei mittlerer Hitze offen sieden lassen, bis sie an die Oberfläche steigen. Weitere 2–3 Min. ziehen lassen, mit dem Schaumlöffel abschöpfen und abtropfen lassen.
5. Für die Tomatensoße Olivenöl-Spray in eine beschichtete Pfanne sprühen und erhitzen. Die Zwiebel und die Knoblauchzehe abziehen, beides fein hacken und 2 Min. glasig andünsten.
6. Anschließend die Tomaten und das Lorbeerblatt hinzugeben und kurz bei schwacher Hitze köcheln lassen.
7. Die Soße mit etwas Salz, Pfeffer, Oregano und Basilikum abschmecken und auf die Gnocchi geben.
8. Umrühren und auf zwei Tellern anrichten.

ANMERKUNG:

Wer den Vollkorngeschmack nicht mag, kann auch Weizenmehl verwenden. Eine Portion hat etwa 10 Kilokalorien mehr.

KARTOFFEL-BROKKOLI-AUFLAUF MIT GARNELEN

NÄHRWERTE PRO PORTION:

478 kcal, 40 g Eiweiß, 45 g Kohlenhydrate, 14 g Fett

ZUTATEN FÜR 2 PORTIONEN:

- 450 g Kartoffeln, mehlig- oder vorwiegend festkochend
- 400 g Brokkoli
- 200 g TK-Garnelen
- 150 g Sahne, fettarm
- 1 Prise Muskatnuss, gerieben
- Salz, Pfeffer
- 100 g Streukäse, fettarm

1. Den Backofen auf 180 °C Umluft (200 °C Ober-/Unterhitze) vorheizen.
2. Die Kartoffeln schälen, waschen und in kochendem Salzwasser bei mittlerer Hitze ca. 20 Min. garen. Anschließend abgießen und die Kartoffeln in große Würfel schneiden.
3. Den Brokkoli waschen, in Röschen teilen und 6–8 Min. in kochendem Wasser bei mittlerer Hitze blanchieren.
4. Die aufgetauten Garnelen kalt abwaschen und trocken tupfen. Anschließend mit den Kartoffeln und dem Brokkoli in einer Auflaufform vermischen.
5. Mit der Sahne übergießen und eine Prise Muskatnuss darüberreiben sowie mit Salz und Pfeffer würzen.
6. Den Käse gleichmäßig auf den Auflauf streuen und im vorgeheizten Backofen etwa 15 Min. backen.
7. Auf zwei Tellern anrichten und servieren.

PAELLA MIT MEERESFRÜCHTEN

NÄHRWERTE PRO PORTION:

469 kcal, 31 g Eiweiß, 72 g Kohlenhydrate. 5 g Fett

ZUTATEN FÜR 2 PORTIONEN:

- 1 Zwiebel
- 1 rote Paprikaschote
- 250 g TK-Meeresfrüchte
- 160 g Risottoreis (Trockengewicht)
- 1 Hub Olivenöl-Spray (2 g)
- 100 g TK-Erbsen
- 400 ml Gemüsebrühe
- 5 g Tomatenmark
- Kurkuma
- Safran
- Salz, Pfeffer
- 1 Zitrone

1. Die Zwiebel abziehen und fein würfeln. Die Paprika längs halbieren, entkernen, waschen und in kleine Würfel schneiden.
2. Die aufgetauten Meeresfrüchte kalt abwaschen und trocken tupfen. Den Reis waschen und durch ein Sieb abgießen.
3. Olivenöl-Spray in eine beschichtete Pfanne sprühen und erhitzen. Die Zwiebelwürfel darin 2 Min. glasig andünsten.
4. Nach und nach die Paprikastücke, die Meeresfrüchte, die Erbsen und den Risottoreis hinzugeben. Unter Rühren bei schwacher bis mittlerer Hitze mitdünsten, bis die Reiskörner glasig sind.
5. Anschließend mit der Gemüsebrühe ablöschen. Mit geschlossenem Deckel bei schwacher Hitze etwa 20 Min. köcheln lassen.
6. Vom Herd nehmen, dann Tomatenmark, etwas Kurkuma, ein wenig Safran, Salz und Pfeffer dazugeben. Alles verrühren.
7. Die Zitrone heiß abwaschen, abtrocknen, in Schnitze oder Scheiben schneiden und die Paella damit garnieren.
8. Vor dem Servieren noch einige Minuten zugedeckt ruhen lassen. Auf zwei Tellern anrichten.

250 ML

LASAGNE BOLOGNESE

NÄHRWERTE PRO PORTION:

391 kcal, 36 g Eiweiß, 31 g Kohlenhydrate, 12 g Fett

ZUTATEN FÜR
6 PORTIONEN:

1 große Zwiebel
1 Hub Olivenöl-Spray (2 g)
600 g Rinderhackfleisch, fettarm
2 Knoblauchzehen
1 EL Tomatenmark
1 Dose Tomaten, stückig (à 800 g)
Salz, Pfeffer
Oregano
500 ml Milch, fettarm
1–2 TL Johannisbrotkernmehl
1 Prise Muskatnuss, gerieben
180 g Lasagneplatten
150 g Streukäse, fettarm

1. Die Zwiebel abziehen und fein würfeln. Olivenöl-Spray in einen Topf sprühen und erhitzen. Die Zwiebelwürfel darin 2 Min. glasig andünsten.
2. Anschließend das Hackfleisch hinzugeben und unter gelegentlichem Wenden bei starker Hitze in etwa 5 Min. krümelig braten.
3. Die Knoblauchzehen abziehen und mithilfe einer Knoblauchpresse direkt im Topf auspressen.
4. Das Tomatenmark hinzugeben, alles verrühren und ca. 2 Min. anbraten.
5. Die Tomaten dazugeben, mit Salz, Pfeffer und etwas Oregano abschmecken und bei schwacher Hitze etwa 30 Min. offen einkochen lassen.
6. Inzwischen den Backofen auf 180 °C Umluft (200 °C Ober-/Unterhitze) vorheizen.
7. Die Milch in einem Topf erwärmen. Unter kontinuierlichem Rühren Johannisbrotkernmehl hinzugeben, bis die Milch eine cremige Konsistenz erreicht.
8. Die Soße mit etwas Salz, Pfeffer und Muskatnuss würzen.
9. Den Boden einer Auflaufform mit 2–3 EL Tomatensoße bedecken, 2–3 EL Milchsoße dazugeben, verrühren, dann mit einer Schicht Lasagneplatten belegen. Wieder mit den Soßen bedecken. Die Prozedur wiederholen, bis die Lasagneplatten und die Soßen verbraucht sind.
10. Die letzte Soßenschicht mit Käse bestreuen.
11. Die Lasagne im vorgeheizten Backofen etwa 30–40 Min. backen. Vor dem Servieren einige Minuten ruhen lassen.
12. Auf zwei Tellern anrichten.

QUICHE LORRAINE

NÄHRWERTE PRO STÜCK (BEI INSGESAMT 8 STÜCKEN):

164 kcal, 11 g Eiweiß, 14 g Kohlenhydrate, 6 g Fett

ZUTATEN FÜR 3–4 PORTIONEN:

- 150 g Weizenvollkornmehl
- 80 g Magerquark
- 20 g Margarine, fettarm
- 3 Eier (Größe M)
- ½ TL Salz
- 125 ml Milch, fettarm
- 50 g Sahne, fettarm
- 1 EL saure Sahne (10 % Fett)
- 50 g Streukäse, fettarm
- Salz, Pfeffer
- 150 g Lauch
- 75 g Schinkenwürfel, fettarm

1. In einer großen Schüssel Vollkornmehl, Magerquark, Margarine, ein Ei und ½ TL Salz zu einem Teig verkneten und diesen 30 Min. im Kühlschrank ruhen lassen.
2. In der Zwischenzeit den Backofen auf 180 °C Umluft (200 °C Ober-/Unterhitze) vorheizen.
3. Nach der Ruhezeit den Teig dünn ausrollen. Eine runde Ofenform mit etwas Margarine leicht einfetten und sie mit dem Teig auskleiden, dabei einen 2–3 cm hohen Rand formen.
4. Für die Füllung in einer Schüssel die Milch, zwei Eier, die Sahne, die saure Sahne, den Streukäse, Salz und Pfeffer vermengen.
5. Den Lauch waschen, abtupfen und in Ringe schneiden. Zusammen mit den Schinkenwürfeln zu der Mischung dazugeben. Gut verrühren.
6. Anschließend die Füllung auf den Teigboden geben und die Quiche 45 Min. im vorgeheizten Backofen backen.

FLAMMKUCHEN

NÄHRWERTE PRO STÜCK:

530 kcal, 34 g Eiweiß, 68,4 g Kohlenhydrate, 10,8 g Fett

ZUTATEN FÜR 2 STÜCK:

- 2 Zwiebeln
- 200 g Weizenvollkornmehl
- 200 g Magerquark
- Salz
- 150 g saure Sahne (10 % Fett)
- 60 g Rohschinkenwürfel, fettarm

1. Den Backofen auf 180 °C Umluft (200 °C Ober-/Unterhitze) vorheizen, ein Blech mit Backpapier belegen.
2. Die Zwiebel abziehen und in feine Ringe schneiden.
3. In einer Schüssel Mehl, Magerquark und etwas Salz zu einem Teig verkneten und in zwei Portionen aufteilen. Den Teig jeweils zu einem ovalen Fladen von ca. 20 cm Länge dünn ausrollen und auf das Blech legen.
4. Anschließend die Teiglinge mit der sauren Sahne bestreichen, dabei ca. 2 cm Rand frei lassen. Die Zwiebelringe und die Rohschinkenwürfel darauf verteilen.
5. Die Flammkuchen im vorgeheizten Backofen etwa 15 Min. knusprig backen.
6. Auf zwei Tellern anrichten und warm servieren.

PIZZA SALAMI

NÄHRWERTE:

594 kcal, 45 g Eiweiß, 71 g Kohlenhydrate, 12 g Fett

ZUTATEN FÜR EINE PIZZA:

- 100 g Weizenvollkornmehl
- 1 TL Backpulver
- 100 g Magerquark
- 1 Eiweiß (Größe L)
- Salz
- 150 g Pizzatomaten
- Pizzagewürz, nach Belieben
- Salz, Pfeffer
- 6 Scheiben Geflügelsalami, fettarm
- 30 g Streukäse, fettarm

1. Den Backofen auf 180 °C Umluft (200 °C Ober-/Unterhitze) vorheizen, ein Blech mit Backpapier belegen.
2. Das Eiweiß in einem tiefen Teller verquirlen.
3. In einer Schüssel das Mehl mit dem Backpulver vermischen, dann den Magerquark, das Eiweiß und etwas Salz hinzugeben und alles zu einem elastischen Teig verkneten.
4. Den Teig dünn ausrollen und auf dem Blech ausbreiten.
5. Für den Belag die Pizzatomaten in einer kleinen Schüssel mit etwas Pizzagewürz, Salz und Pfeffer vermischen und auf dem Pizzaboden verteilen.
6. Die Pizza mit Salamischeiben belegen und den Käse darüberstreuen.
7. Im vorgeheizten Backofen etwa 10 Min. backen.

ANMERKUNG:

Für eine Extraportion Eiweiß kann man 25 g des Mehls durch geschmacksneutrales Proteinpulver ersetzen.

POMMES FRITES

NÄHRWERTE PRO PORTION:

244 kcal, 5 g Eiweiß, 39 g Kohlenhydrate, 7 g Fett

ZUTATEN FÜR 2 PORTIONEN:

- 500 g Kartoffeln (vorwiegend) festkochend
- 1 EL Olivenöl
- Salz
- Pommes-frites-Gewürz

1. Den Backofen auf 200 °C Umluft (220 °C Ober-/Unterhitze) vorheizen.
2. Die Kartoffeln schälen und waschen. Längs in ca. 1 cm dicke Scheiben schneiden und diese in ebenso dicke Stäbchen. Die Kartoffelstifte in eine mit lauwarmem Wasser gefüllte Schüssel geben und für einige Minuten darin einweichen lassen, um überschüssige Stärke zu entfernen.
3. Anschließend die Kartoffeln gut abtrocknen und in einer Schüssel mit Olivenöl, etwas Salz und Pommes-frites-Gewürz vermischen.
4. Die Kartoffelstifte auf einem mit Backpapier belegten Backblech verteilen und im vorgeheizten Backofen etwa 30 Min. knusprig backen, dabei ab und zu wenden.

TIPP:

Je dünner die Pommes frites geschnitten werden, desto knuspriger werden sie. Noch besser werden sie in einer Heißluftfritteuse.

WIENER RINDSGULASCH MIT SPÄTZLE

NÄHRWERTE PRO PORTION:

510 kcal, 55 g Eiweiß, 50 g Kohlenhydrate, 7 g Fett

ZUTATEN FÜR 2 PORTIONEN:

- 1 große Zwiebel
- 300 g mageres Rindfleisch
- 20 g Margarine, fettarm
- 1 EL Tomatenmark
- Paprikapulver
- 2 Portionen Spätzle (Rezept siehe Seite 45)
- Salz, Pfeffer
- Kümmel

1. Die Zwiebel abziehen und fein hacken. Das Fleisch kalt abwaschen, trocken tupfen und in große Würfel schneiden.
2. Die Margarine in einen Topf geben und erhitzen. Die Zwiebelwürfel darin 2 Min. glasig andünsten, dann das Fleisch hinzugeben und bei starker Hitze ca. 3 Min. mitbraten.
3. Das Tomatenmark und etwas Paprikapulver hinzugeben. Mit so viel Wasser ablöschen, dass alles mit Flüssigkeit bedeckt ist.
4. Das Gulasch 4 Stunden bei schwacher Hitze weich schmoren lassen. Den Herd ausschalten und das Gulasch noch 1 Stunde ziehen lassen.
5. Währenddessen die Spätzle nach Rezept zubereiten.
6. Das Gulasch gegen Ende der Garzeit mit Salz, Pfeffer und etwas Kümmel abschmecken.
7. Das Gulasch in eine kleine Suppenschüssel füllen und zusammen mit den Spätzle anrichten.

ANMERKUNG:

Durch die lange Garzeit ist ein Andicken der Soße nicht notwendig. Das Gulasch hat ohne Spätzle pro Portion 208 Kilokalorien, 34 Gramm Eiweiß, 4 Gramm Kohlenhydrate und 5 Gramm Fett.

ČEVAPČIĆI MIT ZAZIKI UND REIS

NÄHRWERTE PRO PORTION:

518 kcal, 43 g Eiweiß, 70 g Kohlenhydrate, 7 g Fett

ZUTATEN FÜR 2 PORTIONEN:

- 160 g Reis (Trockengewicht)
- 250 g Rinderhackfleisch, fettarm
- 1 TL Salz
- 1 TL Oregano
- 1 TL Paprikapulver, edelsüß
- ½ TL Knoblauchpulver
- ½ TL Kreuzkümmel
- 1 Prise Korianderpulver
- 1 Prise Muskatnuss, gerieben
- 200 g Gurke
- 200 g Joghurt griechischer Art, fettarm
- 2 Knoblauchzehen
- Salz, Pfeffer

1. Den Reis waschen und durch ein Sieb abgießen. Dann nach Packungsanleitung in einem Topf mit Salzwasser garen. Nach der Kochzeit den Reis warm stellen.
2. Währenddessen in einer Schüssel das Hackfleisch mit den Gewürzen verkneten. Die Masse mit angefeuchteten Händen zu 10 Röllchen formen.
3. Den Grill anheizen. Die Čevapčići auf eine Grillschale legen und auf dem heißen Grill portionsweise rundherum ca. 10 Min. braten.
4. Für das Zaziki die Gurke waschen, längs halbieren, entkernen und fein raspeln. Die Gurkenstückchen in ein Sieb umfüllen, etwas Salz dazugeben und anschließend die Gurkenraspel ca. 5 Min. Wasser ziehen lassen. Dann im Sieb mit einem Löffel auspressen.
5. Die Knoblauchzehen abziehen. Den Joghurt mit den Gurkenraspeln vermischen, die Knoblauchzehen mithilfe einer Knoblauchpresse hinzupressen und mit Salz und Pfeffer würzen.
6. Den Reis, die Čevapčići und das Zaziki auf jeweils zwei Tellern anrichten und servieren.

TIPP:

Ist das Zaziki zu dünnflüssig, kann man es mit ein wenig Johannisbrotkernmehl andicken.

ZUCCHINI-HACK-PFANNE MIT REIS UND JOGHURT

NÄHRWERTE PRO PORTION:

550 kcal, 39 g Eiweiß, 71 g Kohlenhydrate, 11 g Fett

ZUTATEN FÜR 2 PORTIONEN:

160 g Reis (Trockengewicht)
1 Zwiebel
1 Knoblauchzehe
300 g Zucchini
1 Hub Olivenöl-Spray (2 g)
200 g Rinderhackfleisch, fettarm
1 EL Tomatenmark
Paprikapulver
Kümmelpulver
Chilipulver
Salz, Pfeffer
200 g Joghurt griechischer Art, fettarm

1. Den Reis waschen und durch ein Sieb abgießen. Dann nach Packungsanleitung in einem Topf mit Salzwasser garen. Nach der Kochzeit den Reis warm stellen.
2. Währenddessen die Zwiebel und die Knoblauchzehe abziehen und beides fein hacken. Die Zucchini waschen und in dünne Scheiben schneiden.
3. Olivenöl-Spray in eine beschichtete Pfanne sprühen und erhitzen. Die Zwiebelwürfel und den Knoblauch darin 2 Min. glasig andünsten. Anschließend die Zucchini dazugeben und bei mittlerer Hitze 2–3 Min. mitbraten.
4. Das Hackfleisch und das Tomatenmark hinzugeben und unter gelegentlichem Wenden bei starker Hitze in etwa 5 Min. krümelig braten.
5. Den Reis dazugeben und mit den Gewürzen abschmecken. Zugedeckt bei schwacher Hitze einige Minuten durchziehen lassen.
6. Die Zucchini-Hack-Pfanne auf zwei Tellern anrichten und servieren. Den Joghurt dazu reichen.

PIROGGEN

NÄHRWERTE PRO PORTION:

552 kcal, 39 g Eiweiß, 75 g Kohlenhydrate, 10 g Fett

ZUTATEN FÜR 2 PORTIONEN:

- 4 Eiweiß (Größe M)
- 200 g Weizenmehl
- 1 Prise Salz
- 2 Zwiebel
- 1 Knoblauchzehe
- 200 g Rinderhackfleisch, fettarm
- 1 Messerspitze Kümmel
- 1 Prise Piment
- Salz, Pfeffer
- 1 Hub Olivenöl-Spray (2 g)
- 50 g saure Sahne (10 % Fett)

1. Das Eiweiß in einer Schüssel verquirlen.
2. Mehl und eine Prise Salz dazugeben und alles zu einem Teig verkneten. In Frischhaltefolie einwickeln und 30 Min. im Kühlschrank ruhen lassen.
3. Inzwischen eine Zwiebel und die Knoblauchzehe abziehen und fein hacken. Die andere Zwiebel ebenfalls abziehen und in Ringe schneiden.
4. Olivenöl-Spray in eine beschichtete Pfanne sprühen und erhitzen. Die Zwiebelwürfel und den Knoblauch darin 2 Min. glasig andünsten.
5. Anschließend das Hackfleisch hinzugeben und unter gelegentlichem Wenden bei starker Hitze in etwa 5 Min. krümelig braten. Mit etwas Kümmel, einer Prise Piment, Salz und Pfeffer würzen.
6. Den Teig nach der Ruhezeit etwa 3 mm dünn ausrollen und mit einer Ausstechform oder einer kleinen Schüssel Kreise von ca. 8 cm Durchmesser ausstechen.
7. Jeweils in die Mitte der Teigkreise 1 TL Füllung geben, die Kreise zusammenklappen und die Ränder mit einer Gabel zusammendrücken.
8. In einem großen Topf reichlich Wasser zum Kochen bringen und salzen. Die Piroggen darin 8 Min. bei schwacher Hitze bissfest kochen. Anschließend abtropfen lassen, dabei etwa 100 ml Nudelwasser zurückhalten.
9. Währenddessen Olivenöl-Spray in eine beschichtete Pfanne sprühen und erhitzen. Die Zwiebelringe darin bei starker Hitze goldbraun braten, etwas salzen und mit dem Nudelwasser ablöschen.
10. Die Piroggen auf zwei Teller verteilen, die Zwiebelringe untermischen und mit der sauren Sahne garnieren.

LAHMACUN (TÜRKISCHE PIZZA)

NÄHRWERTE PRO PORTION:

671 kcal, 39 g Eiweiß, 111 g Kohlenhydrate, 6 g Fett

ZUTATEN FÜR 2 PORTIONEN:

- 250 g Weizenmehl
- 1 Prise Salz
- 10 g frische Hefe
- 1 große Zwiebel
- 2 Tomaten
- 1 frische Peperoni
- Frische Petersilie, glatt
- 150 g Rinderhackfleisch, fettarm
- 1 ½ EL Tomatenmark
- Salz, Pfeffer
- 100 g Rotkohl
- 100 g Weißkohl
- 60 g Salat
- 100 g Gurke
- 8 Cherrytomaten
- 1 Knoblauchzehe
- 200 g Joghurt, fettarm
- TK-Kräutermischung, nach Belieben
- Salz, Pfeffer

1. Für den Teig das Mehl und eine Prise Salz in eine große Schüssel geben und vermengen. Eine Mulde in der Mitte der Mehlmischung formen.
2. Die Hefe in 125 ml lauwarmem Wasser auflösen, in die Mulde geben, langsam mit dem Mehl vermischen und zu einem glatten, weichen Teig verkneten.
3. Den Hefeteig für etwa 30 Min. abgedeckt an einem warmen Ort gehen lassen, bis er sein Volumen etwa verdoppelt hat.
4. Währenddessen für den Belag die Zwiebel abziehen. Die Tomaten waschen, vierteln und entkernen. Die Peperoni waschen und längs halbieren. Die Petersilie waschen, trocken schütteln, die Blättchen von den Stielen zupfen.
5. Das vorbereitete Gemüse sehr fein hacken und mit dem Hackfleisch in einer Schüssel vermengen. Mit Tomatenmark, Salz und Pfeffer würzen. Bis zur Verwendung kalt stellen.
6. In der Zwischenzeit den Backofen auf 150 °C Umluft (170 °C Ober-/Unterhitze) vorheizen.
7. Sobald der Teig aufgegangen ist, diesen noch einmal kurz durchkneten und in zwei Portionen teilen. Die Stücke dünn zu runden Fladen ausrollen und jeweils mit der Hälfte der Hackmasse bestreichen.
8. Die Lahmacun im vorgeheizten Backofen etwa 10 Min. backen.
9. Für die Füllung den Rot- und Weißkohl waschen, vierteln, Strunk entfernen und in Streifen hobeln. Den Salat, die Gurke und die Cherrytomaten waschen. Den Salat in Streifen und die Gurke in Scheiben schneiden. Die Tomaten halbieren.

10. Für die Soße die Knoblauchzehe abziehen und mithilfe einer Knoblauchpresse in den Joghurt pressen. Mit etwas Kräutern, Salz und Pfeffer vermischen.
11. Die Lahmacun jeweils mit der Hälfte des vorbereiteten Gemüses belegen, Soße daraufgeben und zusammengerollt servieren.

SPINAT-FETA-PIDE

NÄHRWERTE PRO PORTION:

475 kcal, 25 g Eiweiß, 67 g Kohlenhydrate, 8 g Fett

ZUTATEN FÜR 2 PORTIONEN:

- 200 g Weizenvollkornmehl
- 1 Prise Salz
- 10 g frische Hefe
- ½ Zwiebel
- 500 g TK-Spinat, gehackt
- 2 Knoblauchzehen
- Salz, Pfeffer
- 80 g Fetakäse, fettarm

1. Für den Teig das Mehl und eine Prise Salz in eine große Schüssel geben und vermengen. Eine Mulde in der Mitte der Mehlmischung formen.
2. Die Hefe in 120 ml lauwarmem Wasser auflösen, in die Mulde geben, langsam mit dem Mehl vermischen und zu einem glatten, weichen Teig verkneten.
3. Den Hefeteig etwa 30 Min. abgedeckt an einem warmen Ort gehen lassen, bis er sein Volumen etwa verdoppelt hat.
4. Währenddessen für den Belag die Zwiebel abziehen und in feine Würfel schneiden. Den Spinat in einem Topf bei schwacher Hitze auftauen lassen.
5. Die Knoblauchzehen abziehen und mithilfe einer Knoblauchpresse in den Topf pressen. Die Zwiebel zu dem Spinat geben und mit Salz und Pfeffer würzen. Unter Rühren aufkochen lassen.
6. Nach der Ruhezeit den Teig in zwei Portionen teilen und jeweils zu einem länglichen ovalen Boden ausrollen, dabei einen Rand formen.
7. Den Backofen auf 180 °C Umluft (200 °C Ober-/Unterhitze) vorheizen.
8. Anschließend die Spinatmischung auf den Fladen verteilen und den Feta darüberbröseln.
9. Den Teig an den Seiten zu einer Schiffchenform hochklappen und im vorgeheizten Backofen etwa 15 Min. backen.
10. Die Pide auf zwei Teller geben und servieren.

PILZRISOTTO

NÄHRWERTE PRO PORTION:

405 kcal, 17 g Eiweiß, 61 g Kohlenhydrate, 9 g Fett

ZUTATEN FÜR 2 PORTIONEN:

- 1 Schalotte
- 120 g frische Champignons
- 1 Hub Olivenöl-Spray (2 g)
- 160 g Risottoreis (Trockengewicht)
- 800 ml Gemüsebrühe
- 50 g Parmesan
- Frische Petersilie, nach Geschmack

1. Die Schalotte abziehen und fein würfeln, die Champignons putzen, bei Bedarf mit einem Tuch abreiben und in dünne Scheiben schneiden.
2. Olivenöl-Spray in eine beschichtete Pfanne sprühen und erhitzen. Die Zwiebelwürfel darin 2 Min. glasig andünsten. Den Reis waschen und durch ein Sieb abgießen.
3. Die Champignons und den Risottoreis dazugeben. Unter Rühren bei schwacher bis mittlerer Hitze mitdünsten, bis die Reiskörner glasig sind.
4. Anschließend mit der Hälfte der Gemüsebrühe ablöschen. Mit geschlossenem Deckel bei schwacher Hitze etwa 20 Min. köcheln lassen.
5. Dabei immer wieder etwas von der restlichen heißen Brühe angießen, bis sie vom Reis fast aufgesogen ist. Sobald das Risotto eine cremige Konsistenz bekommt, ist es fertig.
6. Anschließend Parmesan unterheben und mit Petersilie bestreuen.
7. Auf zwei Tellern anrichten und servieren.

ÜBERBACKENER FISCH MIT TOMATE-MOZZARELLA UND REIS

NÄHRWERTE PRO PORTION:

545 kcal, 47 g Eiweiß, 68 g Kohlenhydrate, 9 g Fett

ZUTATEN FÜR 2 PORTIONEN:

- 40 g grünes Pesto (Rezept siehe Seite 69)
- 2 Tomaten
- 1 Mozzarella, fettarm
- 2 Kabeljaufilets (à 140 g)
- 160 g Reis (Trockengewicht)

1. Das Pesto nach Rezept zubereiten.
2. Den Backofen auf 150 °C Umluft (170 °C Ober-/Unterhitze) vorheizen.
3. Die Tomaten waschen, den Mozzarella abtropfen lassen und beides in Scheiben schneiden. Die Kabeljaufilets kalt abwaschen und trocken tupfen.
4. Die Filets abwechselnd mit den Tomaten- und Mozzarellascheiben belegen. Anschließend mit dem Pesto bestreichen.
5. Die Filets in Alufolie verpacken und etwa 20–30 Min. im vorgeheizten Backofen garen.
6. Währenddessen den Reis waschen und durch ein Sieb abgießen. Dann nach Packungsanleitung in einem Topf mit Salzwasser garen. Nach der Kochzeit den Reis warm stellen.
7. Den überbackenen Fisch auf zwei Teller geben, den Reis als Beilage in eine kleine Schüssel füllen und servieren.

GEFÜLLTE PAPRIKASCHOTEN

NÄHRWERTE PRO PORTION:

429 kcal, 30 g Eiweiß, 57 g Kohlenhydrate, 6 g Fett

ZUTATEN FÜR 2 PORTIONEN:

80 g Reis (Trockengewicht)
4 rote Paprikaschoten
1 Zwiebel
1 Knoblauchzehe
200 g Rinderhackfleisch, fettarm
½ EL Tomatenmark
Paprikapulver
Kräuter der Provence, nach Belieben
Salz, Pfeffer
100 g Tomaten, aus der Dose

1. Den Backofen auf 180 °C Umluft (200 °C Ober-/Unterhitze) vorheizen.
2. Den Reis waschen und durch ein Sieb abgießen. Dann nach Packungsanleitung in einem Topf mit Salzwasser garen. Nach der Kochzeit den Reis warm stellen.
3. Paprikaschoten waschen, oben rund um den Stielansatz jeweils einen flachen Deckel abschneiden und aushöhlen. Die Zwiebel und die Knoblauchzehe abziehen und beides fein hacken.
4. Die Zwiebel und den Knoblauch in eine beschichtete Pfanne geben. Das Hackfleisch hinzufügen und unter gelegentlichem Wenden bei starker Hitze in etwa 5 Min. krümelig braten.
5. Mit Tomatenmark, etwas Paprikapulver, Kräutern der Provence, Salz und Pfeffer würzen, dann die Tomaten dazugeben.
6. Sobald das Hackfleisch gar ist, mit dem Reis vermischen und die Paprikaschoten damit befüllen.
7. Die gefüllten Paprikaschoten 40 Min. im vorgeheizten Backofen garen.

PASTA IN CREMIGER AVOCADOSOẞE

NÄHRWERTE PRO PORTION:

412 kcal, 14 g Eiweiß, 59 g Kohlenhydrate, 13 g Fett

ZUTATEN FÜR 2 PORTIONEN:

- 160 g Vollkornnudeln (Trockengewicht)
- 1 Avocado
- 1 Knoblauchzehe
- 20 g Frischkäse, fettarm (0,2 % Fett)
- Salz, Pfeffer
- Frischer Zitronensaft

1. Die Nudeln in kochendem Salzwasser nach Packungsanleitung bissfest garen. Danach abgießen und kurz abtropfen lassen.
2. Für die Soße die Avocado halbieren, den Stein herauslösen, das Fruchtfleisch mit einem Löffel aus der Schale lösen und in einer Schüssel mit einer Gabel zu einem homogenen Brei zerdrücken.
3. Anschließend die Knoblauchzehe abziehen, mithilfe einer Knoblauchpresse in die Schüssel hineinpressen, den Frischkäse unterrühren und die Soße mit Salz, Pfeffer und etwas Zitronensaft abschmecken.
4. Die Soße unter die warmen Nudeln mischen, auf zwei Tellern anrichten und servieren.

TIPP:

Zur Pasta passen auch Pinienkerne, Cherrytomaten oder Räucherlachs.

REISPFANNE MIT LACHS UND GRÜNEM SPARGEL

NÄHRWERTE PRO PORTION:

462 kcal, 25 g Eiweiß, 67 g Kohlenhydrate, 10 g Fett

ZUTATEN FÜR 2 PORTIONEN:

- 1 Zwiebel
- 80 g Möhre
- 200 g grüner Spargel
- 150 g Lachsfilet
- 1 Hub Olivenöl-Spray (2 g)
- 160 g Risottoreis (Trockengewicht)
- 1 ½ l Gemüsebrühe
- 30 g Frischkäse, fettarm (0,2 % Fett)
- Salz, Pfeffer
- Frischer Zitronensaft

1. Die Zwiebel abziehen und fein hacken. Die Möhre putzen, schälen und in feine dünne Stifte schneiden. Den Spargel im unteren Drittel schälen, die Enden abschneiden und in ca. 3 cm lange Stücke schneiden. Den Lachs kalt abwaschen, trocken tupfen und in kleine Stücke schneiden.
2. Olivenöl-Spray in eine beschichtete Pfanne sprühen und erhitzen. Die Zwiebelwürfel darin 2 Min. glasig andünsten. Den Reis waschen und durch ein Sieb abgießen.
3. Die Möhre, den Spargel und den Risottoreis dazugeben. Unter Rühren bei schwacher bis mittlerer Hitze mitdünsten, bis die Reiskörner glasig sind.
4. Anschließend mit 1 Liter Gemüsebrühe ablöschen. Mit geschlossenem Deckel bei schwacher Hitze etwa 15–20 Min. köcheln lassen.
5. Dabei immer wieder etwas von der restlichen heißen Brühe angießen, bis sie vom Reis fast aufgesogen ist.
6. Den Lachs 5 Min. vor Ende der Kochzeit hinzugeben.
7. Sobald der Reis weich ist, den Frischkäse hinzugeben und mit etwas Salz, Pfeffer und Zitronensaft abschmecken.
8. Auf zwei Tellern anrichten, nach Belieben mit 1–2 Zitronenvierteln garnieren und servieren.

ASIATISCHE UND ARABISCHE KÖSTLICHKEITEN

INDISCHES CHICKEN KORMA

NÄHRWERTE PRO PORTION:

430 kcal, 43 g Eiweiß, 36 g Kohlenhydrate, 12 g Fett

ZUTATEN FÜR 2 PORTIONEN:

- 300 g Hühnerfilet
- 1 Zwiebel
- 1 Knoblauchzehe
- 1 Hub Olivenöl-Spray (2 g)
- Kardamompulver
- Nelken, gerieben
- 5 g frischer Ingwer
- ½ TL Koriander
- Piment
- Kreuzkümmel
- Kurkuma
- Chilipulver
- 1 TL passierte Tomaten
- 40 g gemahlene Mandeln
- 125 ml Hühnerbrühe
- 100 ml Sahne, fettarm
- Salz, Pfeffer
- 160 g Basmatireis (Trockengewicht)

1. Das Hühnerfilet waschen, trocken tupfen und in Würfel schneiden. Die Zwiebel und die Knoblauchzehe abziehen und beides fein würfeln.
2. Olivenöl-Spray in eine beschichtete Pfanne sprühen und erhitzen. Die Zwiebelwürfel darin 2 Min. glasig andünsten. Etwas Kardamom und geriebene Nelken hinzugeben und 1 Min. mitbraten.
3. Danach die Hühnchenstücke und den Knoblauch hinzugeben. Den Ingwer schälen, in kleine Stücke schneiden und mithilfe einer Knoblauchpresse in die Pfanne pressen. Alles für ein paar Minuten bei mittlerer Hitze braten.
4. Die restlichen Gewürze, die passierten Tomaten, die gemahlenen Mandeln, die Brühe und die Sahne hinzugeben und das Ganze etwa 20 Min. bei schwacher Hitze einkochen, bis die Soße eine cremige Konsistenz erhält. Mit Salz und Pfeffer abschmecken.
5. Währenddessen den Reis waschen und durch ein Sieb abgießen. Dann nach Packungsanleitung in einem Topf mit Salzwasser garen. Nach der Kochzeit den Reis warm stellen.
6. Den Reis auf jeweils zwei Tellern anrichten, die Soße darübergeben und servieren.

TIPP:

Zu diesem Gericht passt das Naanbrot sehr gut (Rezept siehe Seite 121).

THAI-CURRY

NÄHRWERTE PRO PORTION:

480 kcal, 14 g Eiweiß, 76 g Kohlenhydrate, 12 g Fett

ZUTATEN FÜR 2 PORTIONEN:

- 160 g Basmatireis (Trockengewicht)
- 1 Frühlingszwiebel
- 70 g Möhre
- 70 g rote Paprikaschote
- 100 g Brokkoliröschen
- 60 g Zuckerschoten
- 40 g Bambussprossen
- 40 g Mungobohnenkeimlinge
- 1 Hub Olivenöl-Spray (2 g)
- ½ TL grüne Currypaste
- 250 ml Kokosmilch, fettarm
- 10 g Erdnusspulver
- Salz, Pfeffer

1. Den Reis waschen und durch ein Sieb abgießen. Dann nach Packungsanleitung in einem Topf mit Salzwasser garen. Nach der Kochzeit den Reis warm stellen.
2. Währenddessen die Frühlingszwiebel putzen, waschen und in Ringe schneiden. Die Möhre waschen, schälen und in dünne Streifen hobeln. Die Paprika längs halbieren, entkernen, waschen und in Streifen schneiden.
3. Den Brokkoli waschen und in Röschen teilen. Die Zuckerschoten putzen, waschen und halbieren. Die Bambussprossen und Mungobohnenkeimlinge waschen und abtropfen lassen.
4. Olivenöl-Spray in eine beschichtete Pfanne sprühen und erhitzen. Die Currypaste hinzugeben und 1 Min. anbraten, dann mit der Kokosmilch ablöschen.
5. Das Erdnusspulver und das vorbereitete Gemüse hinzugeben und dieses etwa 10 Min. bei mittlerer Hitze bissfest kochen.
6. Das Curry mit Salz und Pfeffer abschmecken. Den Reis auf zwei Tellern anrichten, die Soße darübergeben und servieren.

GEBRATENE NUDELN

NÄHRWERTE PRO PORTION:

466 kcal, 37 g Eiweiß, 68 g Kohlenhydrate, 4 g Fett

ZUTATEN FÜR 2 PORTIONEN:

- 150 g Hühnerfilet
- 1 Frühlingszwiebel
- 25 g Weißkohl
- 60 g Möhre
- 50 g Zuckerschoten
- 40 g Sojasprossen
- 160 g Mie-Nudeln (Trockengewicht)
- 2 Hub Olivenöl-Spray (4 g)
- 4 Eiweiß (Größe M)
- 40 ml Sojasoße
- Salz, Pfeffer

1. Das Hühnerfilet waschen, trocken tupfen und in kleine Würfel schneiden. Die Frühlingszwiebel putzen, waschen und in kleine Ringe schneiden. Den Weißkohl waschen, vierteln, Strunk entfernen und in Streifen schneiden.
2. Die Möhre waschen, schälen und in dünne Streifen hobeln. Die Zuckerschoten waschen und halbieren. Die Sojasprossen waschen und abtropfen lassen.
3. Die Nudeln nach Packungsanleitung in heißem Salzwasser zubereiten und abgießen.
4. Olivenöl-Spray in eine beschichtete Pfanne sprühen und erhitzen.
5. Alle vorbereiteten Zutaten in die Pfanne geben und unter Rühren bei starker Hitze 2–3 Min. anbraten.
6. Das Eiweiß in einem tiefen Teller verquirlen und mit der Sojasoße in die Pfanne gießen. Bei mittlerer Hitze durchbraten, bis das Hühnchen gar ist.
7. Mit Salz und Pfeffer würzen, auf zwei Tellern anrichten und servieren.

NOUVELLES D' EUROP

LINSEN-DAL MIT NAANBROT

NÄHRWERTE PRO PORTION:

474 kcal, 29 g Eiweiß, 76 g Kohlenhydrate, 3 g Fett

ZUTATEN FÜR 2 PORTIONEN:

- 150 g rote Linsen
- 1 Knoblauchzehe
- 1 kleine Zwiebel
- 5 g Ingwer
- 1 Lorbeerblatt
- Chilipulver
- Kurkumapulver
- 50 ml Kokosmilch, fettarm
- Kreuzkümmelpulver
- Korianderpulver
- Salz, Pfeffer
- 100 g Weizenmehl
- 1 TL Backpulver
- 75 g Magerquark

1. Die Linsen waschen und durch ein Sieb abgießen. Dann nach Packungsanleitung in einem Topf mit etwa der dreifachen Menge Salzwasser garen.
2. Die Zwiebel und die Knoblauchzehe abziehen, den Ingwer schälen und alles fein hacken. Mit dem Lorbeerblatt, etwas Chilipulver und Kurkuma zu den Linsen in den Topf geben.
3. Ca. 15 Min. bei mittlerer Hitze garen, bis die Linsen eine sämige Konsistenz erreichen.
4. Anschließend die Kokosmilch hinzugeben und mit Kreuzkümmel, Koriander, Salz und Pfeffer abschmecken.
5. Für das Naanbrot in einer Schüssel Mehl mit einer Prise Salz, dem Backpulver und dem Magerquark zu einem homogenen Teig verkneten.
6. In zwei Stücke teilen und diese etwa 7 cm dünn ausrollen.
7. Die Teiglinge in einer bereits vorgewärmten beschichteten Pfanne von beiden Seiten für wenige Minuten braten, bis sie braune Flecken bekommen.
8. Das Dal mit dem Naanbrot servieren.

MOUSSAKA

NÄHRWERTE PRO PORTION:

366 kcal, 38 g Eiweiß, 22 g Kohlenhydrate, 12 g Fett

ZUTATEN FÜR 4 PORTIONEN:

500 g Kartoffeln, mehlig- oder vorwiegend festkochend
500 g Auberginen
1 Zwiebel
2 Knoblauchzehen
400 g Rinderhackfleisch, fettarm
400 g passierte Tomaten
1 Lorbeerblatt
Salz, Pfeffer
Zimt
500 ml Milch, fettarm
1–2 TL Johannisbrotkernmehl
1 Prise Muskatnuss, gerieben
75 g Streukäse, fettarm

1. Den Backofen auf 160 °C Umluft (180 °C Ober-/Unterhitze) vorheizen.
2. Die Kartoffeln schälen, waschen und in kochendem Salzwasser bei mittlerer Hitze ca. 20 Min. garen. Anschließend abgießen und die Kartoffeln in Scheiben schneiden.
3. Die Auberginen waschen, in dünne Scheiben schneiden und auf ein mit Backpapier belegtes Backblech legen. Die Scheiben salzen und im vorgeheizten Backofen etwa 15 Min. backen. Zwischendurch einmal wenden.
4. Währenddessen die Zwiebel und die Knoblauchzehen abziehen und fein hacken. Olivenöl-Spray in einen großen Topf sprühen und erhitzen. Zwiebel, Knoblauch und Hackfleisch hinzugeben und unter gelegentlichem Wenden bei starker Hitze in etwa 5 Min. krümelig braten.
5. Dann die passierten Tomaten und das Lorbeerblatt dazugeben und alles etwa 10 Min. bei schwacher Hitze köcheln lassen.
6. Anschließend das Lorbeerblatt entfernen und die Soße mit Salz, Pfeffer und etwas Zimt würzen.
7. Für die Milchsoße in einer Schüssel Milch erwärmen und nach und nach unter Rühren etwas Johannisbrotkernmehl hinzugeben, bis eine cremige Konsistenz entsteht. Mit Salz, Pfeffer und Muskatnuss abschmecken.
8. Die Kartoffelscheiben in einer Auflaufform auslegen. Die Hackfleischsoße gleichmäßig darüber verteilen, dann die Auberginenscheiben schichten.

9. Die Milchsoße darübergießen und mit dem Käse bestreuen.
10. Das Moussaka etwa 40 Min. im vorgeheizten Backofen backen.
11. In der Auflaufform servieren.

FALAFEL-BÄLLCHEN MIT DIP

NÄHRWERTE PRO PORTION:

312 kcal, 33 g Eiweiß, 28 g Kohlenhydrate, 4 g Fett

ZUTATEN FÜR 2 PORTIONEN:

- 1 Zwiebel
- 2 Knoblauchzehen
- Frische Petersilie, nach Geschmack
- 1 kleine Dose Kichererbsen (250 g Abtropfgewicht)
- 1 TL Kurkuma
- Korianderpulver
- Kreuzkümmelpulver
- 2 EL Zitronensaft
- Salz, Pfeffer
- 10 g Guarkernmehl
- 2 Hub Olivenöl-Spray (4 g)
- 400 g Magerquark
- TK-Kräutermischung, nach Belieben

1. Den Backofen auf 180 °C Umluft (200 °C Ober-/Unterhitze) vorheizen.
2. Die Zwiebel und eine Knoblauchzehe abziehen und fein hacken. Die Petersilie waschen, trocken schütteln, die Blättchen von den Stielen zupfen.
3. Die Kichererbsen in ein Sieb schütten und gründlich kalt abbrausen. In einer Schüssel mit der Zwiebel, dem Knoblauch, dem Kurkuma, etwas Koriander, Kreuzkümmel und Zitronensaft grob pürieren.
4. Die Mischung kräftig mit Salz und Pfeffer abschmecken, die Petersilie unterrühren und das Guarkernmehl dazumischen.
5. Aus dem Püree 12 Bällchen formen, diese auf ein mit Backpapier belegtes Backblech legen.
6. Die Falafeln mit Olivenöl-Spray besprühen und im vorgeheizten Backofen etwa 10 Min. backen, dann einmal vorsichtig wenden und weitere 10 Min. backen.
7. Für den Dip den Magerquark in eine kleine Schüssel füllen. Die zweite Knoblauchzehe abziehen, mit einer Knoblauchpresse in den Magerquark pressen und Kräuter, etwas Zitronensaft, Salz und Pfeffer hinzugeben. Gut verrühren.
8. Die Falafeln mit dem Dip servieren.

US-AMERIKANISCHE SPEZIALITÄTEN

CRISPY CHICKEN NUGGETS MIT POMMES FRITES

NÄHRWERTE PRO PORTION:

451 kcal, 32 g Eiweiß, 60 g Kohlenhydrate, 8 g Fett

ZUTATEN FÜR 2 PORTIONEN:

- 2 Portionen Pommes frites (Rezept siehe Seite 89)
- 210 g Hühnerfleisch
- Salz, Pfeffer
- Paprikapulver, nach Bedarf
- 8 g Weizenvollkornmehl
- ½ Eiweiß (Größe L) bzw. 18 g
- 45 g Cornflakes, zuckerfrei

1. Die Pommes frites nach Rezept zubereiten.
2. Den Backofen auf 180 °C Umluft (200 °C Ober-/Unterhitze) vorheizen.
3. Das Hühnchen waschen, trocken tupfen und in ca. 16 Stücke schneiden. Mit Salz, Pfeffer und gegebenenfalls Paprikapulver oder anderen Gewürzen würzen.
4. Das Mehl in einen flachen Teller geben. Das Eiweiß in einem tiefen Teller verquirlen. Die Cornflakes in einem weiteren Teller zu groben Bröseln zerkleinern.
5. Anschließend die Hühnchenstücke in dem Mehl, dann in dem Eiweiß und zum Schluss in den Cornflakes wälzen.
6. Die Nuggets auf ein mit Backpapier belegtes Backblech legen und im vorgeheizten Backofen 10 Min. backen.
7. Die Nuggets nach der Garzeit wenden und weitere 10 Min. backen.
8. Die Chicken Nuggets mit den Pommes frites anrichten und servieren.

Handmade
I ♥ Burger

BURGER

NÄHRWERTE PRO BURGER:

270 kcal, 30 g Eiweiß, 14 g Kohlenhydrate, 8 g Fett

ZUTATEN FÜR 3 BURGER:

- 2 Eiweiß (Größe M)
- 45 g Weizenvollkornmehl
- ½ TL Backpulver
- 100 g Magerquark
- 20 g Flohsamenschalen
- 3 g Sesam
- 240 g Rinderhackfleisch, fettarm
- Salz, Pfeffer
- 2 Hub Olivenöl-Spray (4 g)
- 15 g Eisbergsalat
- 1 große Tomate
- 1 ½ Scheiben Käse, fettarm
- 30 ml Ketchup, fettarm

1. Für die Burgerbrötchen das Eiweiß in einem tiefen Teller verquirlen. In einer Schüssel das Mehl mit dem Backpulver vermischen, anschließend das Eiweiß und den Magerquark hinzugeben und alles mit einem Handrührgerät zu einem homogenen Teig vermengen.
2. Die Flohsamenschalen unterrühren und 50 ml kochendes Wasser hinzugeben.
3. Den Teig weiter mixen und dann 10 Min. ziehen lassen. In der Zwischenzeit den Backofen auf 160 °C Umluft (180 °C Ober-/Unterhitze) vorheizen.
4. Den Teig in drei Portionen aufteilen, zu Kugeln formen, auf ein mit Backpapier belegtes Backblech geben und etwas Sesam hineindrücken. Die Brötchen anschließend im vorgeheizten Backofen 35 Min. backen, bis sie eine goldbraune Farbe bekommen. Dann aus dem Ofen nehmen und abkühlen lassen.
5. Für die Burgerpattys das Hackfleisch in einer Schüssel mit etwas Salz und Pfeffer würzen und mit beiden Händen kräftig durchmengen. Die Masse in drei Portionen teilen und jeweils zu großen flachen Pattys formen.
6. Olivenöl-Spray in eine beschichtete Pfanne sprühen und erhitzen. Das Fleisch hinzugeben und unter gelegentlichem Wenden bei starker Hitze etwa 5 Min durchbraten. Währenddessen die Tomate waschen und in Scheiben schneiden, den Salat putzen, waschen und in grobe Streifen schneiden.
7. Die Burgerbrötchen aufschneiden und die unteren Brötchenhälften jeweils mit etwas Salat, 1–2 Tomatenscheiben, einem Patty und einer ½ Scheibe Käse belegen. Auf die oberen Brötchenhälften etwas Ketchup geben und dann auflegen.

MAC AND CHEESE

NÄHRWERTE PRO PORTION:

533 kcal, 28 g Eiweiß, 66 g Kohlenhydrate, 15 g Fett

ZUTATEN FÜR 2 PORTIONEN:

- 160 g Makkaroni (Trockengewicht)
- 150 ml Milch, fettarm
- 2 g Johannisbrotkernmehl
- 30 g Cheddar, gerieben
- 20 g Streukäse, fettarm
- 1 EL Worcestersoße
- Paprikapulver
- Salz, Pfeffer

1. Die Nudeln in kochendem Salzwasser nach Packungsanleitung bissfest garen. Danach abgießen und kurz abtropfen lassen.
2. Währenddessen die Milch in einem Topf erwärmen und das Johannisbrotkernmehl unter Rühren hinzugeben, bis eine homogene cremige Konsistenz ohne Klümpchen entsteht.
3. Anschließend den Cheddar und den Streukäse dazugeben und bei schwacher bis mittlerer Hitze rühren, bis sich der Käse vollständig aufgelöst hat.
4. Zum Schluss die Worcestersoße hinzugeben und die Käsesoße mit Paprikapulver, Salz und Pfeffer abschmecken.
5. Die Nudeln einrühren, alles 1–2 Min. bei schwacher Hitze köcheln lassen und sofort servieren.

CHILI CON CARNE

NÄHRWERTE PRO PORTION:

439 kcal, 40 g Eiweiß, 42 g Kohlenhydrate, 9 g Fett

ZUTATEN FÜR
2 PORTIONEN:

- 1 Zwiebel
- 1 Knoblauchzehe
- 1 Chilischote
- 1 Hub Olivenöl-Spray (2 g)
- Chilipulver
- Kreuzkümmelpulver
- 200 g Rinderhackfleisch, fettarm
- Zimt
- Salz, Pfeffer
- 1 ½ Dosen Tomaten, gehackt (600 g)
- 1 große Dose Kidneybohnen (480 g Abtropfgewicht)

1. Die Zwiebel und die Knoblauchzehe abziehen und fein hacken. Die Chilischote abwaschen und in feine Ringe schneiden.
2. Olivenöl-Spray in eine beschichtete Pfanne sprühen und erhitzen. Die Zwiebelwürfel und den Knoblauch darin 2 Min. glasig andünsten.
3. Einen Teil der Chiliringe und etwas Chili- und Kreuzkümmelpulver hinzugeben und bei mittlerer Hitze mitdünsten.
4. Das Hackfleisch hinzufügen und unter gelegentlichem Wenden bei starker Hitze in etwa 5 Min. krümelig braten.
5. Mit etwas Zimt, Salz und Pfeffer würzen, dann mit den Tomaten ablöschen und etwa 90 Min. bei mittlerer Hitze abgedeckt köcheln lassen.
6. Die Kidneybohnen abgießen und abspülen und etwa 30 Min. vor Ende der Garzeit hinzugeben.
7. Das Chili in jeweils zwei tiefe Schüsseln füllen, mit der restlichen Chilischote garnieren und servieren.

TIPP:

Das Chili schmeckt am nächsten Tag noch besser. Als Beilage passen Reis oder Brot dazu.

WRAPS

NÄHRWERTE PRO WRAP:

Ungefüllt: 176 kcal, 8g Eiweiß, 31g Kohlenhydrate, 1g Fett
Gefüllt: 259 kcal, 13g Eiweiß, 44g Kohlenhydrate, 2g Fett

ZUTATEN FÜR 2 PORTIONEN:

- 2 Eiweiß (Größe S)
- 90g Weizenvollkornmehl
- 8g Xanthan Gum
- ½TL Backpulver
- 60g Romanasalat
- 40g Gurke
- 1 große Tomate
- 1 Möhre
- 1 Paprika
- 20g rote Zwiebel
- 100g Joghurt, fettarm
- Zitronensaft
- Salz, Pfeffer
- 1 Prise Knoblauchpulver
- TK-Kräutermischung, nach Belieben

ANMERKUNG:

Der Teig lässt sich nicht gut rollen und wird brüchig, wenn er entweder nicht dünn genug ausgerollt worden ist oder zu lange gebacken wurde.

1. Das Eiweiß in einem tiefen Teller verquirlen.
2. In einer großen Schüssel mit dem Mehl, dem Xanthan Gum und dem Backpulver vermischen und anschließend alles zu einem Teig verkneten.
3. In Frischhaltefolie einwickeln und 30 Min. in den Kühlschrank legen. Den Teig nach der Ruhezeit halbieren und jeweils zwischen zwei Backpapieren dünn ausrollen.
4. Die Wraps in einer bereits vorgewärmten beschichteten Pfanne von beiden Seiten für wenige Minuten braten, bis sie braune Flecken bekommen.
5. Für die Füllung den Salat, die Gurke, die Tomate, die Möhre und die Paprika waschen. Den Salat in Streifen schneiden, die Gurke in Scheiben schneiden, die Tomate halbieren und ebenfalls in Scheiben schneiden. Die Möhre schälen und mit der Paprika in Streifen schneiden. Die Zwiebel abziehen und in Ringe schneiden.
6. Für die Soße den Joghurt in eine kleine Schüssel geben, mit etwas Zitronensaft, Salz, Pfeffer und Knoblauch abschmecken und nach Belieben etwas Kräuter hinzugeben. Gut verrühren.
7. Das Gemüse mittig auf dem Wrap verteilen, die Joghurtsoße darüberträufeln und die Wraps fest zusammenrollen, dabei eine Seite nach innen aufschlagen.
8. Zum Servieren die Rollen halbieren.

TIPP:

Falafel-Bällchen (Seite 125) passen auch sehr gut als Füllung.

SPINAT-QUESADILLAS

NÄHRWERTE PRO PORTION:

339 kcal, 27 g Eiweiß, 34 g Kohlenhydrate, 9 g Fett

ZUTATEN FÜR 2 PORTIONEN:

- 4 Wraps (Rezept siehe Seite 136)
- 300 g TK-Blattspinat
- 1 Zwiebel
- 1 Knoblauchzehe
- Salz, Pfeffer
- 100 g Streukäse, fettarm

1. Die Wraps nach Rezept zubereiten.
2. Währenddessen den Spinat in gefrorenem Zustand in einer beschichteten Pfanne erwärmen.
3. Die Zwiebel und die Knoblauchzehe abziehen, klein würfeln und zu dem Spinat geben.
4. Mit Salz und Pfeffer abschmecken. Unter Rühren bei mittlerer Hitze aufkochen lassen.
5. Die Wraps in eine bereits vorgewärmte beschichtete Pfanne legen, mit der Hälfte des Spinats und der Hälfte Käse belegen und mit einem zweiten Wrap abdecken.
6. Von beiden Seiten wenige Minuten bei mittlerer Hitze braten, bis der Käse geschmolzen ist und die Wraps braune Flecken bekommen.
7. Die Quesadillas vierteln und servieren.

ÜBER DIE AUTORIN

Kochen und Backen war schon immer eine große Leidenschaft für Lina Weidenbach. Auch als die Medizinstudentin vor ein paar Jahren den Entschluss fasste, einige Kilo abzunehmen, wollte sie nicht auf leckeres Essen verzichten. Deswegen begann sie, kalorienreduzierte Rezepte zu entwickeln und erfolgreich auf ihrem Instagram-Account @fit_nurse_lina zu veröffentlichen.

Auch als **E-Book** erhältlich

128 Seiten
14,99 € (D) | 15,50 € (A)
ISBN 978-3-7423-1004-0

Lina Weidenbach

Schlank mit Kuchen und Brot

50 leckere Rezepte zum genussvollen Abnehmen

Genussvoll abnehmen – geht das denn? Aber sicher, und zwar ganz einfach! Wer abnehmen oder sich gesünder ernähren möchte, muss nicht auf das geliebte Brötchen am Morgen und den Sonntagskuchen verzichten. Dieses Buch zeigt Ihnen 50 Rezepte für kalorienarme Varianten von klassischen Leckereien wie Brownies, Zimtschnecken, Pizza und Baguette. So lassen sich ganz nebenbei jede Menge Kalorien einsparen. Auf diese Weise dürfen Sie auch in der Diät schlemmen und das Durchhalten fällt leichter. Die Rezepte sind einfach, gelingen auch Back-Einsteigern und erfordern lediglich simple Zutaten, die es in jedem Supermarkt gibt.

riva